스마트폰에서 콜롬북스 어플 설치하고 회원가입 후 MP3 파일을 다운받아 바로 듣자!!

❶ 앱스토어 또는 구글플레이어 스토어에서 콜롬북스 어플을 설치한다.
❷ 회원가입후 검색란에 도서 제목을 정확히 입력하거나 아래의 QR코드를 스캔한다.
❸ MP3를 다운로드 해서 듣는다.
❹ 그 외 다양한 서비스 이용가능

핸드폰에서 콜롬북스 어플을 설치한 후
QR코드를 대고 스캔하면
MP3 파일을 바로 다운로드 할 수 있습니다.

입소문난~
여행영어

차종환 엮음

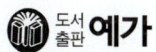

이 책의 활용법

해외여행을 할 때 다양한 상황에 대처할 수 있도록 출국·교통·호텔·레스토랑·쇼핑·관광·통신·트러블·귀국·기본 인사말과 감사와 사과에 이르기까지 13개의 주요 장면과 기본회화로 구성하였으며, 여행시 부딪치는 상황을 각 장면별로 짜임새 있게 구성하였습니다.

자신이 말할 수 있는 간단한 표현법을 중심으로 구성했기 때문에 영어회화를 자연스럽게 익힐 수 있습니다.

간단한 영어와 익히기 쉬운 문장만을 소개하였기 때문에 다른 단어를 넣어서 응용하기 쉽고, 해외여행뿐만 아니라 일상생활에서도 활용할 수 있습니다.

영어를 잘 모르더라도 한글만 읽을 줄 알면 저절로 회화가 가능해지도록 영어 문장 아래에 원음에 충실하게 그 발음을 한글로 표기하였습니다.

기본적인 문장 이외에 그 항목에서의 관련 어휘를 별도로 정리하여 폭넓고 풍부한 표현이 가능하도록 하였습니다.

각 항목마다 여행정보를 그림과 함께 필요한 것만을 선별해서 수록하여 여행에 많은 도움이 되도록 하였습니다.

contents

즐거운 여행준비 ••• 8

Part 1 **출국**

꼭 알아두면 편한 알짜배기 영어회화 ••• 20
기내에서 MP3 track 1 ••• 22
기내 서비스를 받을 때 MP3 track 2 ••• 26
기내에서 몸이 불편할 때 MP3 track 3 ••• 30
비행기를 갈아 탈 때 MP3 track 4 ••• 32
꼭 알아두어야 할 point word ••• 34
여행정보 ••• 36

Part 2 **입국**

꼭 알아두면 편한 알짜배기 영어회화 ••• 40
입국심사를 받을 때 MP3 track 5 ••• 42
수화물을 찾을 때 MP3 track 6 ••• 46
세관신고를 할 때 MP3 track 7 ••• 48
꼭 알아두어야 할 point word ••• 52
여행정보 ••• 54

Part 3 **공항에서**

꼭 알아두면 편한 알짜배기 영어회화 ••• 58
환전을 할 때 MP3 track 8 ••• 60
관광 안내소에서 MP3 track 9 ••• 62
꼭 알아두어야 할 point word ••• 69
여행정보 ••• 72

Part 4 교통

꼭 알아두면 편한 알짜배기 영어회화 ••• 76
처음가는 길을 물을 때 MP3 track 10 ••• 78
택시를 이용할 때 MP3 track 11   83
버스를 이용할 때 MP3 track 12 ••• 86
열차와 지하철을 이용할 때 MP3 track 13 ••• 90
렌트카를 이용하고 싶을 때 MP3 track 14 ••• 97
드라이브를 할 때 MP3 track 15 ••• 101
교통사고가 났을 때 MP3 track 16 ••• 106
꼭 알아두어야 할 point word ••• 110
여행정보 ••• 112

Part 5 호텔

꼭 알아두면 편한 알짜배기 영어회화 ••• 116
호텔을 예약 할 때 MP3 track 17 ••• 118
체크인을 하려고 할 때 MP3 track 18 ••• 122
호텔 부대시설을 이용할 때 MP3 track 19 ••• 125
호텔내에서의 트러블 MP3 track 20 ••• 131
호텔기간 변경과 체크 아웃 MP3 track 21 ••• 135
꼭 알아두어야 할 point word ••• 140
여행정보 ••• 142

Part 6 레스토랑

꼭 알아두면 편한 알짜배기 영어회화 ••• 146
레스토랑 찾기와 예약하기 MP3 track 22 ••• 148
레스토랑안에서 MP3 track 23 ••• 153
레스토랑에서의 트러블 MP3 track 24 ••• 163
패스트푸드점에서 MP3 track 25 ••• 165
카페에서 마실 때 MP3 track 26 ••• 167

나이트클럽에서 MP3 track 27 ••• 169
꼭 알아두어야 할 point word ••• 174
여행정보 ••• 176

Part 7 쇼핑

꼭 알아두면 편한 알짜배기 영어회화 ••• 180
매장을 찾을 때 MP3 track 28 ••• 182
옷을 살 때 MP3 track 29 ••• 187
화장품 및 다른 물건을 살 때 MP3 track 30 ••• 194
면세점에서 물건을 살 때 MP3 track 31 ••• 203
물건값을 계산할 때 MP3 track 32 ••• 206
물건의 반품과 환불 MP3 track 33 ••• 210
꼭 알아두어야 할 point word ••• 214

Part 8 관광

꼭 알아두면 편한 알짜배기 영어회화 ••• 218
관광 안내소에서 MP3 track 34 ••• 220
관광지에서 MP3 track 35 ••• 225
사진 촬영을 할 때 MP3 track 36 ••• 229
미술관·박물관에서 MP3 track 37 ••• 232
연극·영화관에서 MP3 track 38 ••• 237
스포츠와 레저를 즐길 때 MP3 track 39 ••• 241
꼭 알아두어야 할 point word ••• 246
여행정보 ••• 248

Part 9 통신·은행

꼭 알아두면 편한 알짜배기 영어회화 ••• 254
전화를 할 때 MP3 track 40 ••• 256

우편을 이용할 때 MP3 track 41 ••• 265
은행에서 MP3 track 42 ••• 269
인터넷 카페에서 MP3 track 43 ••• 274
꼭 알아두어야 할 point word ••• 277
여행정보 ••• 278

Part 10 **트러블**

꼭 알아두면 편한 알짜배기 영어회화 ••• 282
분실과 도난 MP3 track 44 ••• 284
병원에서 MP3 track 45 ••• 287
약국에서 약을 살 때 MP3 track 46 ••• 295
꼭 알아두어야 할 point word ••• 298

Part 11 **귀국**

꼭 알아두면 편한 알짜배기 영어회화 ••• 302
비행기 예약의 재확인 MP3 track 47 ••• 304
호텔에 물건을 놓고 왔을 때 MP3 track 48 ••• 309
공항 면세점에서 MP3 track 49 ••• 310
귀국하는 비행기 안에서 MP3 track 50 ••• 312
꼭 알아두어야 할 point word ••• 315
여행정보 ••• 316

Part 12 **기본인사**

꼭 알아두면 편한 알짜배기 영어회화 ••• 322
기본적인 인사말 MP3 track 51 ••• 324
처음 만났을 때 MP3 track 52 ••• 326
대답을 할 때 MP3 track 53 ••• 329

헤어질 때 MP3 track 54 ••• 331
오랫만에 만났을 때 MP3 track 55 ••• 334

Part 13 감사와 사과

감사를 표현할 때 MP3 track 56 ••• 338
사과를 할 때 MP3 track 57 ••• 342
양해와 부탁 MP3 track 58 ••• 346
다시 물어볼 때 MP3 track 59 ••• 350
물어볼 때 MP3 track 60 ••• 352
요구를 할 때 MP3 track 61 ••• 357
긴급 상황일 때 MP3 track 62 ••• 360

부록

헷갈리기 쉬운 콩글리쉬 ••• 364

즐거운 여행준비

여권

여권이란 외교통상부 장관이 발행하는 외국으로 출국하는 사람의 국적과 신분을 증명하고, 출국자의 안전을 상대국에 요청하는 문서인 신분증이다. 여행 중에는 항시 휴대하여야 하고 호텔이나 공항, 면세품을 구입할 때 등 제시를 요구하면 제시를 하여야 하며, 서명란에는 반드시 본인이 서명을 하여야 한다.

여권의 종류

여권은 종류에 따라 일반여권, 외교관 여권, 관용여권 등 여러 가지가 있다. 여기서 일반인이 사용하는 일반여권은 복수여권과 단수여권이 있다. 복수 여권은 유효기간 5년과 10년이 있으며 유효기간 만료일까지 출국 횟수에 관계없이 사용할 수 있다. 단수여권은 1년 안에 1회에 한하여 출국이 허용되는 여권이다.

2008년 8월부터 전자여권의 도입으로 본인의 바이오 정보(얼굴, 지문, 정보 등 바이오 정보를 수록)를 입력하기 때문에 본인이 직접 방문을 하여야 한다. 현재 여권과 비교해 외형상의 변화는 없고 여권 뒷면에 집적회로 칩만 장착하게 된다.

전자여권(ePassport, electronic passport)이란, 국제민간항공기구(ICAO)와 국제표준화기구(ISO)에서 정한 국제표준에 의거 성명·여권번호와 같은 개인신원정보와 얼굴·지문과 같은 바이오 인식정보를 전자적으로 수록한 비접촉식 전자칩(contactless IC chip)이 내장되어 있는 기계판독식 여권이다.

여권발급
본인이 직접 신청한다. 단 질병, 장애 및 만 18세 미만의 미성년자는 제외.

- 구비서류

여권발급 신청서, 여권용 사진 1매, 신분증, 병역관계서류

여권 신고서

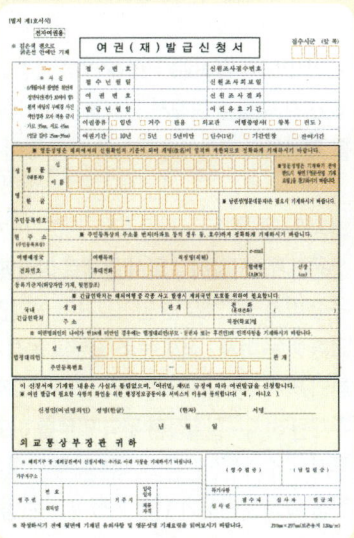

- 수수료

유효기간 10년 53,000원, 유효기간 5년 만 8세 이상 45,000원, 만 8세 미만 33,000원

※ 신규 여권 발급 시 전자 여권으로 발급되고 있으며 미국 비자 면제프로그램(VWP)를 이용하기 위해서는 반드시 전자여권을 발급받아야 한다.

※ 단수여권은 유효기간 내에 1회에 한하여 외국여행을 할 수 있는 여권

여권사진
6개월 이내에 촬영한 사진으로 귀 부분이 노출되어 얼굴 윤곽이 뚜렷이 드러나야 한다.

가로 3.5cm × 세로 4.5cm로 정면을 응시하며 눈동자가 선명하게 보여야 하며 안경은 착용 가능하지만 안경테나 안경렌즈에 눈이 가려서는 안 된다.

바탕은 흰색이여야 하고 모자나 머플러 착용 및 흰색의상, 제복 등도 안 된다.

비자

출국하고자 하는 상대 국가에서 여권 검사를 받고 입국을 허가 받는 증명서로 비자 면제 협정을 맺은 국가도 허용기간을 초과하여 체류할 때에는 반드시 체류목적에 맞는 비자를 발급받아야 한다.

VWP(Visa Waive Program) 사증면제제도
국가 간 이동을 위해서 원칙적으로 사증(입국허가)이 필요하지만, 방문편의를 제공하기 위해서 일정기간 사증 없이 체류할 수 있는 제도

비자의 종류
상용비자 - 사업이나 회사 문제로 미국에 입국하려는 외국인
유학 비자 - 학업 또는 언어교육이 목적인 학생
교환 방문 비자 - 국제 문화 교류의 목적
취업 비자 - 현지에서 단기간 일을 하고자 하는 경우
주재원 비자 - 실질적인 무역 업무를 하고자 하는 경우
투자자 비자 - 상당량의 자본을 투자 중이거나 또는 투자 중에 있는 기업을 직접 확장 운영하기 위한 목적이 있는 경우 등

비자 발급
비자 발급처 - 각국 영사관 여행사 대행
수수료 - 보통 50,000원에서 20만원 사이(국가, 비자의 종류와 체류 기간에 따라 다름)
비자 인터뷰 주의 사항 - 비자는 타국에 체류 허락을 받는 것으로 한 번 거절

당하면 기록이 남아서 다음번에도 거절당할 가능성이 있으니 주의해야 한다. 구비 서류를 빠짐없이 준비하고 방문 목적이 확실하다면 크게 걱정하지 않아도 된다.

환전

공항 보다 일반 거래 은행지점을 이용한다.
공항은 많은 여행객들이 환전할 수 있는 마지막 창구이기 때문에 환전 수수료가 비싸게 운영되므로 공항에 가기 전에 시중은행에서 필요한 금액을 미리 환전해 놓는다. 최소한의 경비만 환전할 계획이라면 가까운 은행에서 환전해도 무방하다.

고시환율이 싼 은행을 찾거나 환율우대쿠폰을 확인한다.
환율은 주가처럼 끊임없이 변하므로 은행마다 조금씩 차이가 있기 때문에 각 은행 중에서 가장 환율이 싼 은행을 선택하여 환전하는 것이 좋고 각 은행에서 발행하는 환율우대쿠폰도 확인해 본다.

인터넷 환전
인터넷 환전은 수수료가 오프라인보다 싸고 다양한 이벤트도 많이 한다. 은행 홈페이지에서 외화를 구입한 뒤, 원하는 지점에서 돈을 수령하면 된다. 또 공동 구매처럼 여러 명이 모여 좀 더 높은 환율 우대를 받는 방법도 있다.

화폐 단위는 여러 가지로 준비한다.
환전을 할 때 너무 큰 단위로만 환전하지 않는다. 외국의 작은 가게 등에서는

고액권을 사용할 수 없는 경우가 있기 때문에 고액권과 소액권을 적절히 섞어서 환전한다. 또 외화 동전은 기준 환율의 70% 수준에서 살 수 있다. 다만 무게가 있고 휴대가 불편하므로 사용할 만큼만 교환하고 여행에 돌아와서 동전을 다시 환전할 때는 50% 가격밖에 쳐주지 않으므로 돌아오기 전에 모두 사용하고 돌아온다.

각종 증명서

국제운전면허증

국내 면허증이 있으면 누구나 취득할 수 있으며, 유효기간은 1년이다. 필요한 서류는 국내 운전면허증 유효기간 안에 입국할 경우라면 운전면허, 여권용 사진 1매 등이며, 국내 운전면허증 유효기간 이후에 입국할 경우라면 여권을 추가로 제출해야 한다. 여권에 비자 사증이 없는 경우에는 항공권이 있어야 한다. 이들을 지참하고 운전면허 시험장에 신청하면 당일 발급 받을 수 있다. 대리 신청도 가능하며 이때는 가족임을 증명할 수 있는 서류를 제출하면 된다. 수수료는 8,500원이다.

국제학생증(ISIC : International Students Identity Card)

네델란드의 암스테르담에 본부를 둔 국제학생여행연맹(ISTC)에서 발급하는 세계적으로 널리 통용되고 있는 학생증으로, 여행 중에 학생 신분의 보증은 물론 학생 할인이 되는 곳이라면 어디에서든지 할인 혜택을 받을 수 있다. 박물관, 미술관, 극장 등의 입장료나 숙박시설, 교통기관 이용료 등을 할인 받을 수 있으므로 미리 만

들어 놓으면 좋다. 재학증명서, 신분증, 여권 사진 1매와 신청서를 작성하여 서울국제학생여행사(서울 종로2가 YMCA 505호), 강남발급소(서울 서초구 서초4동 서울빌딩3층)이나 전국 112개 대학교 학생 서비스 센터에서 발급을 받으면 된다.

유스호스텔 회원증

외국의 유스호스텔은 주로 교통이 편리한 도심에 위치해 있어 이동을 더욱 편리하게 해주기 때문에 교통비 등 여행경비를 절감할 수 있다. 보다 저렴하게 숙소를 이용하고자 한다면 유스호스텔 회원증이 꼭 필요하다. 유스호스텔 회원증을 가지고 있다면 누구나 전세계 6,000여 개의 유스호스텔을 이용할 수 있다. 청소년뿐만 아니라 일반 성인들도 유스호스텔 회원이 될 수 있다. 회원 가입은 누구나 할 수 있으며 유효 기간은 발급일로부터 1년이며, 신청은 유스호스텔연맹이나 전국 11개 유스호스텔에 비치되어 있는 가입 신청서를 작성하여 가입비를 내면 즉석에서 발급하여 준다.

해외여행자보험

해외여행 도중 불의의 사고에 대비한 보험으로 보험료도 저렴하고 가입 절차도 간편하다. 국내의 각 손해보험 회사에서 취급하며, 보험의 종류와 보상내용은 비슷하며, 패키지여행의 경우 대부분 경비에 보험료가 포함되어 있다.

보험금의 청구는 사고가 발생한 날로부터 30일 이내에 필요한 서류를 갖추어 보험 회사의 본·지점에 청구하면 된다. 상해, 질병의 경우에는 의사의 진단서, 처방전, 치료비 명세서, 치료비 영수증이 필요하며, 휴대품 손해의 경우는 경찰서의 사고확인증명서, 목격자 진술서, 피해 품목 명세서 등이 필요하다.

신용카드

신용카드는 현금을 들고 다닐 필요가 없이 사인 하나로 결제가 가능 하므로 불편함을 덜 수가 있다. 또한 ATM에서 현금서비스도 받을 수도 있어 갑작스런 일에 대비할 수도 있다. 해외에서 사용할 수 있는 카드는 비자(VISA), 마스터(Master), 다이너스(Diners), 아메리칸 익스프레스(American Express)등이 있다.

해외에서 사용하는 카드의 경우에는 International이란 문구가 있으니 확인해 둘 필요가 있다. 또한 신용카드 통화 서비스도 데이콤에서 실시하고 있으며 비자 인터네셔날과 공동으로 데이콤 비자폰 서비스의 이용은 선불카드와 마찬가지로 쓰이고 있다.

여행준비물과 짐꾸리기

여권과 항공권·현금·신용 카드·필기도구와 각종 서류는 빠뜨리지 않고 챙겨, 작은 가방 등에 넣어 몸에 지닐 수 있게 한다. 별도로 수첩을 마련해 여권과 항공권의 사본, 여행자수표의 구입 일시와 번호, 신용 카드번호 등과 현지여행사, 항공사, 한국대사관과 같은 전화번호를 적어 두면 좋다.

- 여권 _ 해외여행의 필수품. 사진이 있는 1면은 복사해서 여권과 별도로 두고 안전한 방법으로 챙긴다.
- 항공권 _ 출국과 귀국날짜, 노선, 유효기간을 확인해 둔다. 복사본을 보관한다.
- 한국 돈 _ 공항세와 입출국시의 왕복교통비 정도
- 현지 돈 _ 팁이나 교통비·간식비·입장료 등의 소액지출용

- 신용카드 _ 신분증도 되고 만일의 경우를 대비해 꼭 가져간다.
- 여행자 보험증 _ 패키지여행일 경우는 별도로 챙기지 않아도 된다.
- 국제학생증 _ 신분증명과 할인혜택도 받을 수 있다.
- 국제운전면허 _ 렌터카로 여행할 사람은 국내면허증과 함께 가져간다.
- 예비용 사진 _ 여권분실 등 만일을 대비해 2~3장 정도 준비한다.
- 소형계산기 _ 환율계산이나 예산 산출에 요긴하게 쓰인다.
- 필기도구와 수첩 _ 여권, 여행자수표, 신용 카드, 현지주요기관 등의 번호를 적는다.
- 카메라 _ 메모리칩은 여유있게 준비해서 간다.
- 사전과 회화집 _ 자유 여행자에게는 필수품. 얇은 것으로 준비한다.

옷가지와 신발

옷들은 가장 부피가 큰 짐이다. 기본은 속옷과 양말, 티셔츠 2~4벌. 새로 장만하려고 하지 말고 평소 입던 편안하고 다루기 쉬운 옷가지 위주로 준비 한다. 디너쇼나 레스토랑에서의 식사 때와 같은 공식적인 스케줄이 잡혀 있으면 구두와, 남성은 깃이 달린 셔츠와 넥타이, 여성은 우아한 치마를 한 벌 정도 준비하는 것이 좋다. 또 겨울은 물론이고 여름에도 아침·저녁으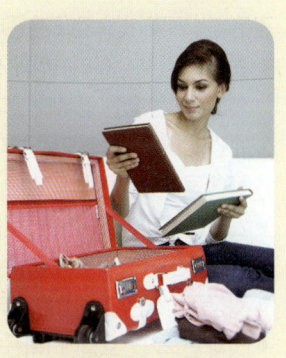
로는 쌀쌀해지고, 차를 타고 관광할 때는 에어컨 시설이 잘 되어 있으므로 스웨터나 카디건을 준비해 가는 것도 잊지 말고 신발은 걷기에 편한 것이 기본. 새것보다는 길들여진 헌 신발이 오히려 편안하다. 숙소에서 신을 슬리퍼도 있으면 유용하다.

- 속옷 _ 호텔 등에서 빨 수 있으므로 기본적인 것만 필요
- 셔츠와 바지 _ 세탁하기 쉬운 것으로 2벌 정도

- 재킷과 카디건 _ 냉방차와 비행기를 타거나 비올 때를 대비
- 모자와 선글라스 _ 햇빛이 강하므로 필수품
- 수영복 _ 여름철이나 수영장 있는 호텔에 묵을 때는 가져간다.
- 비옷과 우산 _ 가볍고 작은 것으로 준비한다.
- 장갑 _ 겨울철 여행의 필수품
- 신발 _ 발에 익숙해져 걷기 편한 것. 운동화나 캐주얼슈즈가 적당

세면도구 및 기타

작은 호텔이나 유스호스텔 등에는 설비가 잘 되어 있지 않은 곳이 많으므로 여행용 세면도구와 타올, 드라이어, 화장품, 손톱깎이 등을 준비합니다. 일류호텔에서 묵을 경우에는 치약, 칫솔 정도만 준비해 간다.

- 칫솔과 치약 _ 우리나라와 일본 호텔을 제외하고는 없는 경우가 많다.
- 수건과 비누 _ 소형으로 준비해 간다. 호텔에 묵을 거라면 필요 없다.
- 세제 _ 장기 여행이라면 1회용 포장으로 조금씩 가져간다.
- 자외선 차단 크림 _ 여름에는 필수품
- 화장품 _ 쓰던 것을 작은 플라스틱 용기에 덜어 가져간다.
- 빗과 면도기 _ 호텔에 1회용이 비치되어 있는 경우도 있다.
- 드라이어 _ 전압을 확인하고 가져간다.
- 티슈와 손수건 _ 작은 가방에 들어갈 수 있는 것
- 생리용품 _ 현지에서 구입해도 된다.
- 손톱깎이·귀이개 _ 작지만 요긴하게 쓰인다.
- 다용도칼 _ 다용도로 쓸 수 있는 것으로 준비한다.
- 수저와 젓가락 _ 하나쯤 준비해둔다.
- 알람 손목 시계 _ 스케줄대로 움직이기가 한결 편해진다.

- 비닐봉투 _ 젖은 옷이나 잡동사니를 넣기에 좋다.
- 선물 _ 친지가 있는 경우 외에 작은 답례품을 가져가면 요긴하다.
- 물통 _ 작은 것으로 준비하거나 현지에서 생수를 구입한다.
- 비상약 _ 소화제와 설사약, 감기약, 소독약, 연고, 1회용 밴드 등

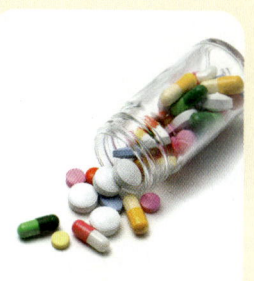

- 작은 가방 _ 큰 가방과 분리해 여행자료 등을 넣어 몸에 지니고 다닌다.
- 한국음식 _ 대도시라면 한국식품점과 요리점이 있으므로 따로 챙기지 않아도 되지만 간단한 양념, 예를 들면 포장된 고추장볶음 정도는 요긴하다.
- MP3 또는 작은 사이즈의 책 _ 장거리여행이라면 평소 즐겨 듣던 노래나 한글 책이 그리워질 때도 있으며 이동시간이 긴 경우에도 기분전환이 된다.
- 보조배터리 _ 요즘에는 휴대폰으로 사진과 동영상을 찍기 때문에 휴대폰 보조배터리를 가져가면 요긴하게 쓰인다. 단 보조배터리는 수화물 가방에 넣으면 안되므로 기내용 가방에 따로 넣어두어야 한다.

PART 01 출국

꼭 알아두면 편한 알짜배기 영어회화

Where's my seat?
웨얼즈 마이 씻?

저의 좌석은 어디입니까?

When can I have a meal?
웬 캔 아이 해버 밀?

식사는 언제 합니까?

Do you have something to drink?
두 유 해브 썸싱 투 드링크?

뭐 마실것 좀 주시겠어요?

I want to buy duty-free goods.
아이 원 투 바이 듀리 프리 굿즈

면세품을 사고 싶은데요.

I don't feel well.
아이 돈 필 웰

몸이 좀 안 좋아요.

I need to take painkillers.
아이 니드 투 테잌 페인킬럴스

진통제가 필요합니다.

What's the gate number?
왓츠 더 게이트 넘버?

게이트는 몇 번 입니까?

What time will we leave?
왓 타임 윌 위 리브?

몇시에 출발합니까?

기내에서

기내에 오르면 좌석을 찾아 앉고 휴대물을 선반에 올려 놓고 안전벨트를 매고 이륙을 기다린다. 승무원을 불러야 할 경우에는 호출버튼을 사용하도록 한다. 큰 소리를 지르거나 손으로 쿡쿡 찌르는 것은 예의가 아니다.

MP3 Track 1

- 저의 좌석은 어디입니까?
  ### Where's my seat?
  웨얼즈 마이 씻?

- 좌석 좀 확인해 주시겠어요?
  ### Please, check my seat.
  플리즈, 췍 마이 씻

- 탑승권 좀 보여주시겠어요?
  ### Could I see your ticket?
  쿠드 아이 씨 유어 티켓?

- 여기 앉아도 되겠습니까?
  ### Would you mind my sitting here?
  우 쥬 마인드 마이 씻팅 히어?

- 가방을 어디에 두어야 합니까?
  ### Where can I put my bag?
  웨얼 캔 아이 풋 마이 백?

- 실례지만. 여긴 제 자리 같은데요.

  Excuse me, I think this is my seat.

  익스큐즈미, 아임 씽크 디시즈 마이 씻

- 좌석이 바뀐 것 같습니다.

  Excuse me, there seems to be a mix-up.

  익스큐즈 미 데어 씸스 투 비 어 믹스 업

- 자리를 바꿔주실 수 있나요?

  Can you change your seat with me?

  캔 유 췌인지 유어 씻 윗 미?

- 친구 옆자리에 앉고 싶습니다.

  I'd like to sit next to my friend.

  아이드 라잌 투 씻 넥스투 마이 프렌드

- 통로 쪽 자리로 앉을 수 있을까요?

  Can I sit in an aisle seat?

  캔 아이 씻 인 언 아일 씻?

● 꼭 알아야할 WORD

aisle seat 통로쪽자리

- 빈자리 입니까?

  Is this seat taken?

  이즈 디스 씻 테이큰?

- 좀 지나가겠습니다.

  Excuse me, I'd like to get through.

  익스큐즈미, 아이드 라잌 투 겟 쓰루

- 출구는 어디에 있나요?

    Where could I find a way out?

    웨어 쿠드 아이 파인더 웨이 아웃?

- 휴대전화를 쓸 수 있습니까?

    Can I use my cell phone?

    캔 아이 유즈 마이 셀 폰?

- 휴대전화는 사용하실 수 없습니다.

    You can't use your cell phone.

    유 캔트 유즈 유어 셀 폰

- 가방을 꺼내도 될까요?

    Can I bring my bag?

    캔 아이 브링 마이 백?

- 질문해도 될까요?

    May I ask a question?

    메이 아이 에스커 퀘스쳔?

- 안전벨트를 매 주십시오.

    Please, fasten your seatbelt.

    플리즈, 패쓴 유어 씻벨트

- 예정대로 도착합니까?

    Is this plane going to arrive on time?

    이즈 디스 플레인 고잉투 어라이브 온 타임?

● 꼭 알아야할 WORD

cell phone
휴대전화
question
질문
seatbelt
안전벨트

- 얼마나 더 가야 합니까?

  How many more hours to go?

  하우 매니 모 아월스 투 고?

- 몇 시에 도착합니까?

  What time do we arrive?

  왓 타임 두 위 어라이브?

- 현지 시각으로 오전 9시에 도착합니다.

  We arrive there at 9am local time.

  위 어라이브 데어 앳 나인 에이엠 로컬 타임

- 문제가 생긴 것 같습니다.

  I think there's a mistake.

  아이 씽크 데얼즈 어 미스테잌

- 화장실은 어디에 있습니까?

  Where can I wash my hands?

  웨어 캔 아이 워시 마이 핸드?

● 꼭 알아야할 WORD

arrive 도착
local time 현지시간
mistake 문제, 실수

기내 서비스를 받을 때

기내에서는 식사, 음료와 주류, 신문, 잡지 등은 무료로 서비스 된다(일부 저가항공 제외). 승무원의 도움이 필요할 때 호출 버튼을 누르면 즉시 친절한 도움을 받을 수 있다. 면세품 구입 시에는 각국의 면세 통관허용량을 고려하여 허용량을 넘지 않도록 한다.

MP3 Track 2

- 여기요.
  Excuse me.
  익스큐즈 미

- 뭐 마실 것 좀 주시겠어요?
  Do you have something to drink?
  두 유 해브 썸싱 투 드링크?

- 어떤 음료를 드릴까요?
  What would you like to drink?
  왓 우 쥬 라잌 투 드링크?

- 어떤 종류의 음료가 있습니까?
  What kind of drinks do you have?
  왓 카인드 오프 드링스 두 유 해브?

- 맥주 하나 더 주세요.
  Another beer, please.
  언아덜 비어, 플리즈

- 식사는 언제 합니까?

  When can I have a meal?

  웬 캔 아이 해버 밀?

- 지금 식사 할 수 있습니까?

  Can I have a meal now?

  캔 아이 해버 밀 나우?

- 식사로 무엇이 있습니까?

  What kind of dishes do you have?

  왓 카인드 어브 디쉬즈 두 유 햅?

- 메인 메뉴로 닭고기, 생선요리가 있습니다.

  We have chicken and fish as the main dishes.

  위 해브 취킨 앤 퓌시 애즈 더 메인 디쉬스

- 생선으로 하시겠어요 아니면 닭고기로 하시겠어요?

  Would you like fish or chicken?

  우쥬 라익 퓌시 오어 취킨?

- 닭고기 부탁합니다.

  Chicken, please.

  취킨, 플리즈

- 저는 안 먹겠습니다.

  I'd like to skip the meal.

  아이드 라익 투 스킵 더 밀

● 꼭 알아야할 WORD

kind of~ ~종류의
meal 식사
skip 건너뛰다

- 이것 좀 치워 주세요.

  Please, take my tray.

  플리즈, 테잌 마이 트레이

- 어떤 영화를 상영합니까?

  What movies can I see?

  왓 무비스 캔 아이 씨?

- 영화 채널은 몇 번입니까?

  Which channel is the movie on?

  위치 채널 이즈 더 무비 온?

- 잡지나, 신문 있나요?

  May I have any magazines or newspapers to read?

  메아이 해브 애니 메거진스 오어 뉴스 페이펄스 투 리드?

- 담요 하나만 부탁드립니다.

  A blanket, please.

  어 블랭킷, 플리즈

- 면세품 목록을 보여 주세요.

  Would you show me a duty-free catalogue, please?

  우 쥬 쇼 미 어 듀리프리 카달록 플리즈?

- 면세품을 구매할 수 있을까요?

  Can I buy duty-free goods?

  캔 아이 바이 듀리 프리 굿즈?

- 면세품을 사고 싶은데요.

  I want to buy duty-free goods.

  아이 원투 바이 듀리 프리 굿즈

- 이걸로 주세요, 얼마입니까?

  I'll take this. How much is it?

  아일 테잌 디스. 하우 머춰 이즈 잇?

- 한국으로 보내 주실 수 있나요?

  Can you send it to Korea?

  캔 유 센드 잇 투 코리아?

- 한국 돈을 받습니까?

  Do you take Korean won?

  두 유 테잌 코리안 원?

- 기내에서 엽서를 보낼 수 있나요?

  Can I send a postcard?

  캔 아이 샌더 포스트 카드?

- 펜 좀 빌리고 싶은데요.

  I'd like to borrow a pen.

  아이드 라잌 투 봐로우 어 펜

● 꼭 알아야할 WORD

magazines 잡지
newspapers 신문
duty-free 면세품
goods 상품
send 보내다

기내에서 몸이 불편할 때

기내에서 몸이 불편하면 괴로운 일이다. 승무원들은 손님이 원하지 않는 과잉 친절을 베풀지 않는다. 불편함이 있는 경우 참지 말고 승무원에게 제공받을 수 있는 최대한의 서비스를 요구해도 좋다.

MP3 Track 3

- 문제 있으십니까?

    Is there something wrong?

    이즈 데얼 썸씽 룅?

- 몸이 안 좋아 보이시네요. 필요한 것 있으세요?

    You look sick. Can I help you?

    유 룩 씩. 캔 아이 헬프 유?

- 기내가 좀 춥네요.

    It's cold inside.

    잇츠 콜드 인사이드

- 속이 좀 울렁거려요.

    I feel airsick.

    아이 필 에어식

- 몸이 좀 안 좋아요.

    I don't feel well.

    아이 돈 필 웰

- 배가 아픕니다.

 I have a stomach-ache.

 아이 해버 스토막-에잌

- 멀미에 먹는 약 있습니까?

 Do you have any medicine for airsickness?

 두 유 해브 애니 메드썬 포 에어식네스?

- 열이 납니다.

 I have a fever.

 아이 해버 퓌버

- 현기증이 납니다.

 I'm dizzy.

 아임 디지

- 구토용 봉지 좀 부탁합니다.

 Could you give me a paper bag?

 쿠 쥬 기브 미 어 페이퍼 백?

- 진통제가 필요합니다.

 I need to take painkillers.

 아이 니드 투 테잌 페인킬러스

- 약을 갖다 드리겠습니다.

 I'll bring you some medicine.

 아일 브링 유 섬 매더썬

● 꼭 알아야할 WORD

airsickness 비행기 멀미
fever 열
dizzy 현기증이 나는
painkillers 진통제
bring 가지고 오다

비행기를 갈아 탈 때

통과 승객인 경우에는 귀중품만 가지고 비행기에서 내리고 갈아타는 승객인 경우에는 화물을 가지고 내린다. 출구에서 트랜짓 카드(Transit Card)를 받고 탑승시간과 게이트를 확인한다.

MP3 Track 4

- 탑승시간은 몇 시 입니까?

    What time is the boarding time?

    왓 타임 이즈 더 보딩 타임?

- 모두 내려야 합니까?

    All the passengers get off the plane?

    올 더 페신절스 겟 옵 더 플레인?

- 게이트는 몇 번 입니까?

    What's the gate number?

    왓츠 더 게이트 넘버?

- 탑승 게이트는 25번입니다.

    The boarding gate is No.25.

    더 보딩 게이트 이즈 넘버 투웨니 파이브

- 이 공항에 얼마나 머무나요?

    How long should we wait?

    하우 롱 슈드 위 웨잇?

- 기내에 남아 있어도 되나요?

  Could I remain on the plane?

  쿠드 아이 리메인 온 더 플레인?

  - 꼭 알아야할 WORD

    remain 남다, 머무르다
    connecting 연결하다, 접속하다
    transfer 옮기다, 이동하다

- 몇 시에 출발 합니까?

  What time will we leave?

  왓 타임 윌 위 리브?

- 환승 비행기 탑승 수속은 어디에서 하나요?

  Where is the counter for connecting flights?

  웨얼 이즈 더 카운터 포 커넥팅 플라이트?

- 비행기를 놓쳤습니다.

  I missed my plane.

  아이 미스드 마이 플레인

- 연결편을 찾지 못 할 것 같습니다.

  I'm afraid I won't take my connecting flights.

  아임 어프레이드 아이 윙트 테익 마이 커넥팅 플라잇츠

- 연결편을 타지 못했습니다.

  I didn't transfer to my connecting flight.

  아이 디든ㅌ 트렌스퍼 투 마이 커넥팅 플라잇

- 다른 항공편이 있을까요?

  Can I check if there is another flight?

  캔 아이 첵 이프 데얼이즈 언아덜 플라잇?

꼭 알아두어야 할 point word

| 좌석 **seat** 씻 | 바꾸다 **change** 췌인지 |

| 옮기다 **move** 무브 | 찾다 **find** 파인드 |

| 빈자리 **vacant seat** 베이컨 씻 | 창가자리 **window seat** 윈도우씻 |

| 현지시각 **local time** 로컬 타임 | 식사 **meal** 밀 |

| 베개 **pillow** 필로우 | 이어폰 **headset** 헤드셋 |

| 모포 **blanket** 블랭킷 | 핸드폰 **cell phone** 셀 폰 |

| 향수 **perfume** 퍼퓸 | 만년필 **fountain pen** 파운틴 펜 |

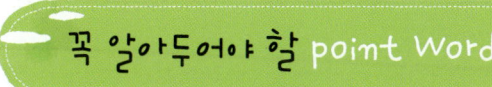 

화장수	보석류
skin lotion	**jewelry**
스킨 로션	쥬얼리

화장품	비행시간
cosmetic	**flying time**
커즈메틱	플라잉 타임

이륙	착륙
take off	**landing**
테이콥	랜딩

도착	출발
arrival	**departure**
어라이벌	디파춰

편명	옮기다
flight	**transfer**
플라잇	트랜스퍼

놓치다	승객
miss	**passenger**
미스	패신져

출국시 알아두어야 할 에티켓

출국하기 전

여권을 자신이 직접 갖고 있는 경우는 필히 출발일 1~3일 전에는 항공사나 여행사에 예약 재확인을 하고, 여행을 하고자 하는 나라의 날씨, 주의사항, 문화 등 간단한 정보를 익힌다. 환전은 시내 은행이나 공항에서도 가능하며, 환전할 때는 여권이 꼭 필요하다.

출국하는 날

보통 국제선은 출발시간 2시간 전, 국내선은 1시간 전부터 출국수속을 시작한다. 주말에는 항상 공항이 붐비므로 수속이 늦어지게 마련이므로 미리 서둘러 공항에 가는 게 좋다.
비행기 좌석배정은 보딩패스(비행기 티켓을 좌석권으로 바꾸는 것)할 때 정해지므로 일찍 할수록 원하는 자리에 앉을 수 있다.

공항에서

짐이 많은 사람들은 내용물이 손상되지 않게 잘 포장한 다음 보딩패스를 할 때 짐을 부치고, 반드시 TAG(짐을 부칠 때 항공사에 주는 꼬리표 : 보통 항공편명, 출발지, 도착지, 시간이 적혀 있음)를 받고 가방에도 이름표를 꼭 달아놓는다. 휴대한 귀중품은 세관을 통과할 때 꼭 신고하여 입국시 문제가 발생하여 좋은 추억을 망치는 일이 없도록 해야 한다. 기내에는 간단한 휴대용 가방만 갖고 들어갈 수 있다.

기내에서 지켜야 할 에티켓

좌석에서

● 기내에서 간편한 옷차림을 하거나 슬리퍼를 신는 것은 괜찮다. 그러나 내의 바람이 된다거나 양말을 벗는 행위는 곤란하다. 발이 피곤하면 신발을 벗는 것은 가능하나 벗은 채 기내를 돌아다니거나 신발 벗은 발이 타인에게 보이도록 자세를 취하는 것은 실례가 되므로 조심해야 한다.

● 승무원을 부를 때는 승무원 호출버튼을 누르거나 통로를 지날 때 가볍게 손짓하거나 눈이 마주칠 때 살짝 부른다. 우리 식으로 손을 흔들어 부르는 것은 예의에 어긋난다.

● 좌석의 등받이를 뒤로 제칠 때는 지나치게 제치면 안된다. 식사가 시작되면 제쳐놓은 등받이를 반드시 원위치로 해 놓는다. 베개와 모포는 보통 머리 위의 선반에 비치되어 있다.

식사를 할때

● 식사서비스가 시작되면 일단 자기자리로 가서 좌석의 등받이를 일으켜 세우고 식사용 간이 테이블을 펴놓고 기다린다.

● 식사나 음료서비스를 받을 때는 "Thanks"라고 감사 표시를 하는 것이 좋은 매너이다. 식사가 끝나면 반드시 식사 테이블을 원위치로 올려놓아야 한다. 기내에서 술을 마시면 지상에서 술을 마시는 것보다 빨리 취한다.

따라서 기내에서의 과음은 피하는 것이 좋다.

화장실에서

● 남녀공용이므로 화장실에 들어가면 반드시 안에서 걸어 잠궈야 한다. 그래야 밖에 '사용중(Occupied)' 이라는 표시가 나타난다. 잠그지 않을 경우 '비어있음(Vacant)' 이라는 표시가 되어 다른 승객이 문을 열게 된다.

● 사용 후에는 반드시 세척(Toilet Flush) 이라 표시된 버튼을 누르고, 그래도 더러울 때는 화장지로 닦아준다.

● 세면대는 될 수 있는 대로 짧게 사용하고 사용 후에는 타월로 물기를 닦아 깨끗하게 해주는 것이 상식이다. 사용한 타월은 반드시 '쓰레기함(Towel Disposal)' 에 넣어야 한다. 또한 세면대에 비치 된 스킨토닉(Skin Tonic)이나 애프터 세이브(After Shave)는 사용 후 가지런히 정돈한다.

● 안전벨트 착용 싸인이 켜져 있는 동안은 화장실 사용은 원칙적으로 금지되어 있다. 화장실에 있는 동안 이 싸인이 켜지면 될수록 빨리 나와 제자리로 돌아가서 좌석벨트를 매야 한다.

● 기내에서 내릴 때는 승무원들에게 "Thank you" 또는 "Good Bye" 하고 인사하여 긴 비행동안의 수고를 격려해준다.

PART 02 입국

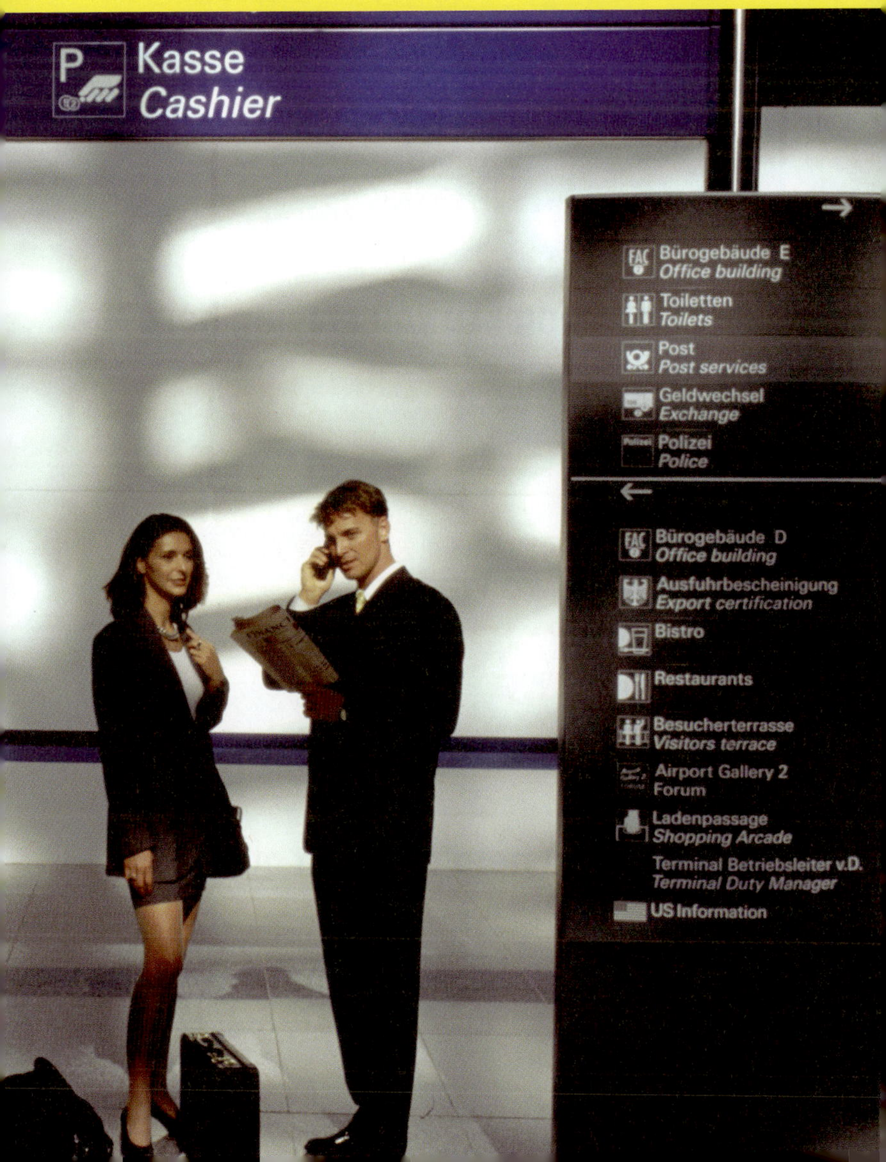

Kasse
Cashier
Bürogebäude E
Office building
Toiletten
Toilets
Post
Post services
Geldwechsel
Exchange
Polizei
Police
Bürogebäude D
Office building
Ausfuhrbescheinigung
Export certification
Bistro
Restaurants
Besucherterrasse
Visitors terrace
Airport Gallery 2
Forum
Ladenpassage
Shopping Arcade
Terminal Betriebsleiter v.D.
Terminal Duty Manager
US Information

꼭 알아두면 편한 알짜배기 영어회화

Can I see your passport, please?
캔 아이 씨 유얼 패스포트 플리즈?

여권 좀 보여 주시겠습니까?

How long are you staying here?
하우 롱 알 유 스테잉 히얼?

얼마나 머무를 예정입니까?

About two weeks.
어바웃 투 웍스

2주일간 머물 예정입니다.

Can you help me fill it out?
캔 유 헬 미 필 잇 아웃?

이 양식 좀 써 주시겠어요?

I can't find my bag.
아이 캔트 파인 마이 백

제 짐을 찾을 수가 없어요.

Where should I pay the duty?
웨얼 슈드 아이 페이 더 듀리?

관세는 어디서 지불 하면 됩니까?

Should I declare this?
슈드 아이 디클레얼 디스?

이것을 세관에 신고해야 하나요?

It's a souvenir for my friend.
잇츠 어 수비녈 포 마이 프렌드

그것은 친구의 선물입니다.

입국심사를 받을 때

착륙 전에 입국카드와 세관 신고서에 필요사항을 기입한다. 비행기에서 내리면 입국심사대로 간다. 여권과 입국카드를 제출하고 입국목적, 체재기간, 세관에 신고할 사항을 물어 보면 정직하게 대답한다. 문제가 없으면 여권에 스탬프를 찍어준다.

MP3 Track 5

- 여권 좀 보여 주시겠습니까?
  Can I see your passport, please?
  캔 아이 씨 유얼 패스포트 플리즈?

- 여행 목적이 무엇입니까?
  What's the purpose of your visit?
  왓츠 더 펄포스 어브 유얼 비짓?

- 관광차 왔습니다.
  I'm here on travel.
  아임 히얼 온 트레블

- 얼마나 머무를 예정입니까?
  How long are you staying here?
  하우 롱 알 유 스테잉 히얼?

- 2주일간 머물 예정입니다.
  About two weeks.
  어바웃 투 윅스

- 이곳 방문은 처음 입니까?

    Is this your first time here?

    이즈 디스 유얼 퍼스트 타임 히얼?

- 예. 처음입니다.

    Yes, It's my first time.

    예스, 잇츠 마이 풔스트 타임

● 꼭 알아야할 WORD

passport 여권
purpose 목적
on travel 관광차
relative 친척

- 어디에서 머무릅니까?

    Where are you staying?

    웨얼 알 유 스테잉?

- 시내에 있는 힐튼호텔에서 머무를 예정입니다.

    At the Hilton Hotel in downtown.

    엣 더 힐튼호텔 인 다운타운

- 주소가 어떻게 됩니까?

    What's the address?

    왓츠 디 어드레스?

- 이곳에 친척이 있습니다.

    I have some relatives here.

    아이 햅 섬 렐레티브스 히얼

- 한국으로 돌아가는 티켓은 있습니까?

    Do you have a return ticket to Korea?

    두 유 해브 어 리턴 티켓 투 코리아?

- 여기 있습니다.

    This is the return ticket.

    디시즈 더 리턴 티켓

- 동행이 있습니까?

    Are you a member of a group?

    알 유 어 멤버 오브 어 그룹?

- 혼자입니다.

    I'm traveling alone.

    아임 트레블링 얼론

- 친구들(가족)과 함께 여행합니다.

    I'm traveling with my friends(family).

    아임 트레블링 윗 마이 프렌즈(패밀리)

- 한국어 할 줄 아는 분이 계십니까?

    Do you have someone who speaks korean?

    두 유 햅 썸원 후 스픽스 코리안?

- 영어를 잘 하지 못합니다.

    I can't speak English well.

    아이 캔트 스픽 잉글리쉬 웰

- 이 양식좀 써 주시겠어요?

    Can you help me fill it out?

    캔 유 헬 미 필 잇 아웃?

- 얼마나 걸립니까?

  How long does it take?

  하우 롱 더즈 잇 테익?

- 입국 신고서입니까?

  Is this the immigration form?

  이즈 디스 디 이미그레이션 폼?

- 어떻게 작성하나요?

  How do I complete this form?

  하우 두 아이 컴플릿 디스 폼?

- 무엇을 써야 합니까?

  I don't know what to write here.

  아이 돈트 노우 왓 투 롸잇 히얼

- 비자를 가지고 있습니까?

  Do you have a visa?

  두 유 해버 뷔자?

- 비자를 신청하고 싶습니다.

  I'd like to apply for a visa.

  아이드 라잌 투 어플라이 포러 뷔자

● 꼭 알아야할 WORD

alone 혼자
immigration form 입국 신고서
apply for~ ~ 신청하다

수화물을 찾을 때

도착 후 별도로 부친 짐은 비행기 편에 따라 찾는 곳이 다르다. 반드시 본인이 타고 온 비행기 편을 염두에 두고 안내 표지판이나 전광판을 잘 확인해야 한다. 수하물이 나오지 않을 경우 당황하지 말고 항공사 카운터에 가서 문의한다.

MP3 Track 6

● 수화물 찾는 곳이 어디입니까?
Where's the baggage claim area?
웨얼즈 더 베기쥐 클레임 에어리어?

● 이 컨베이너가 513 항공편이 맞나요?
Is this the carousel for flight 513?
이즈 디스 더 카로우슬 포 플라잇 513?

● 513편 수화물 컨베이너는 어디 있습니까?
Where is the carousel for flight 513?
웨얼 이즈 더 카로우슬 포 플라잇 513?

● 제 짐이 나오네요.
I can see my baggage coming out!
아이 캔 씨 마이 베기쥐 커밍 아웃!

● 제 가방이 아직 나오지 않았습니다.
My baggage hasn't come out yet.
마이 베기쥐 해즌ㅌ 컴 아웃 옛

- 제 짐을 찾을 수가 없어요.

  I can't find my bag.

  아이 캔트 파인 마이 백

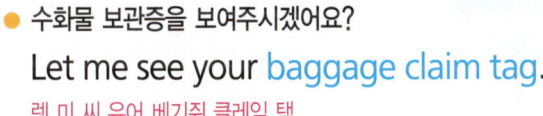

- 수화물 보관증을 보여주시겠어요?

  Let me see your baggage claim tag.

  렛 미 씨 유어 베기쥐 클레임 택

- 수화물 사고 신고서를 작성해 주시겠습니까?

  Would you fill in the 'Baggage Claim Report', please.

  우 쥬 필 인 더 '베기쥐 클레임 리폿', 플리즈

- 분실물 신고는 어디에서 합니까?

  Where is the counter for reporting missing bags?

  웨얼 이즈 더 카운터 포 리폴팅 미씽 백스?

- 언제쯤이면 찾을 수 있을까요?

  When can I find it?

  웬 캔 아이 파인딧?

- 발견되면 즉시 연락 드리겠습니다.

  We'll contact you as soon as we find it.

  위일 컨택트 유 애즈 순 애즈 위 파인딧

● 꼭 알아야할 WORD

carousel
(공항의) 수화물 컨베이어 밸트
baggage claim tag
수화물 보관증
Baggage Claim Report
수화물 신고서

세관신고를 할 때

세관통과 시는 보통 비행기에서 작성한 세관신고서(Customs Declaration Form)만 받고 통과시킨다. 신고서에 신고할 것이 없다고 하고서 나중에 신고할 것이 있다고 말을 바꾸면 더 까다롭게 질문을 함으로 반드시 언행의 일치에 유념한다.

MP3 Track 7

- 신고할 것이 있습니까?
  ### Do you have anything to declare?
  두 유 햅 애니씽 투 디클레얼?

- 아니요. 없습니다.
  ### No, I don't.
  노, 아이 돈트

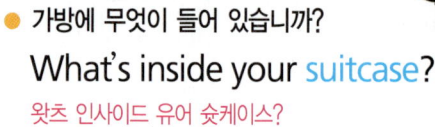

- 가방에 무엇이 들어 있습니까?
  ### What's inside your suitcase?
  왓츠 인사이드 유어 슛케이스?

- 가방을 열어 주십시오.
  ### Please, open your suitcase.
  플리즈, 오픈 유어 슛케이스

- 가방 안 좀 볼 수 있을까요?
  ### Can I see in your bag?
  캔 아이 시 인 유어 백?

- 이것은 무엇입니까?
  ## What's this for?
  왓츠 디스 포?

- 이 짐이 전부입니까?
  ## Is this baggage all you have?
  이즈 디스 베기쥐 올 유 해브?

- 세관 신고서 좀 보여 주세요.
  ## Let me see your customs declaration form.
  렛 미 씨 유어 커스텀즈 디클라레이션 폼

- 이것을 세관에 신고해야 하나요?
  ## Should I declare this?
  슈드 아이 디클레얼 디스?

- 관세를 지불해야 합니까?
  ## Do I have to pay duty?
  두 아이 햅 투 페이 듀리?

- 이것은 관세를 내셔야 합니다.
  ## You have to pay duty.
  유 햅투 페이 듀리

● 꼭 알아야할 WORD

declare 세관 신고하다
suitcase 가방
customs declaration form 세관 신고서
duty 관세

- 관세는 얼마 입니까?
  ## How much is the duty?
  하우 머취 이즈 더 듀리?

- 관세 20달러를 내셔야 합니다.

  I have to charge you a $20 duty for that.

  아이 햅투 촤쥐 유 어 투웬티달러스 듀리 포 댓

- 그것은 반입이 금지된 물품입니다.

  That's a prohibited item.

  댓츠 어 프로히비리드 아이템

- 관세는 어디서 지불 하면 됩니까?

  Where should I pay the duty?

  웨얼 슈드 아이 페이 더 듀리?

- 담배는 제가 피우려고 샀습니다.

  The cigarettes are for my personal use.

  더 씨가렛츠 아 포 마이 펄스널 유스

- 그것은 친구의 선물입니다.

  It's a souvenir for my friend.

  잇츠 어 수비닐 포 마이 프렌드

- 담배 한 보루 밖에 안 샀습니다.

  I just bought one carton of cigarettes.

  아이 저스트 보트 원 칼튼 오브 씨가렛츠

- 이 물건의 가격은 대략 얼마입니까?

  What's the approximate value of it?

  왓츠 디 어프록씨메잇 붸류 오브 잇?

- 한국에서 2만원 정도 합니다.

  It's worth about twenty thousand won.

  잇츠 월쓰 어바웃 투웬티 싸우젼드 원

- 현금을 얼마나 소지하고 계신가요?

  How much cash do you have?

  하우 머취 캐쉬 두 유 해브?

- 외국 돈은 얼마 가지고 계십니까?

  How much foreign currency do you have?

  하우 머취 포린 커런씨 두 유 해브?

- 현금으로 5만원, 미화 500불이 있습니다.

  I have 500 US dallars and fifty thousand won.

  아이 햅 파이브 헌드레드 유에스 달러스 앤 퓌프티 싸우젼드 원

- 개인적 용도로 가져왔습니다.

  I brought it for my personal use.

  아이 브롯 잇 포 마이 펄스널 유스

● 꼭 알아야할 WORD

prohibited item
반입이 금지된 물품
souvenir 기념품
carton 보루
approximate value 대략 가격
personal use 개인적인 용도

꼭 알아두어야 할 point Word

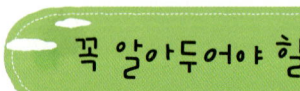

입국심사 **passport control** 패스폿 컨트롤	직업 **occupation, job** 오큐페이션, 잡
국적 **nationality** 내셔널티	성 **family name** 패밀리 네임
이름 **first name** 퍼슷 네임	예방접종 증명서 **immunization card** 이뮤니제이션 카드
유실물 취급소 **Lost and Found office** 로숫 앤 파운드 오피스	표찰 **name tag** 네임 텍
예정 **schedule** 스케쥴	연락하다 **contact** 컨택
조사하다 **check** 첵	보고서 **report** 리폿
세관신고서 **customs declaration form** 커스텀스 디컬레이션 펌	

꼭 알아두어야 할 Point Word

| 관세
duty
듀리 | 무관세
duty-free
듀리 프리 |

| 선물
gift
기프트 | 개인용품
personal articles
퍼스널 아티클스 |

| 창구
cashier
캐셔 | 방문하다
visit
비짓 |

| 주소
address
어드래스 | 돌아가는 표
return ticket
뤼턴 티켓 |

| 왕복 표
round-trip ticket
라운드-트립 티켓 | 편도 표
single ticket
싱글 티켓 |

| 기념품
souvenir
수비녈 | 신고하다
declare
디클레어 |

입국카드 작성시 알아두어야할 상식

1. 성
2. 이름
3. 생년월일
   (일, 월, 년도 순서로 적는다)
4. 현재 거주 국가
5. 남자는 Male, 여자는 Female
6. 여권번호
7. 비행기 번호(예를 들어 유나이티드 860이면 UA860)
8. 거주 국가
9. 어디에서 비행기를 탔는가
   (도시이름, 인천이면 Incheon)
10. 비자를 발급받은 도시
    (서울대사관이면 Seoul)
11. 비자를 발급받은 날짜
12. 미국에 거주할 곳 주소만
13. 미국에 거주할 곳 도시, 주
    (예 : 294 S.oxford, los angeles, CA 90005라면, 294 S.oxford는 12번에 Los angeles, CA 90005는 13번에 적는다)
14. 성
15. 이름
16. 생년월일
17. 거주국가

세관 신고시 꼭 알아두어야 할 상식

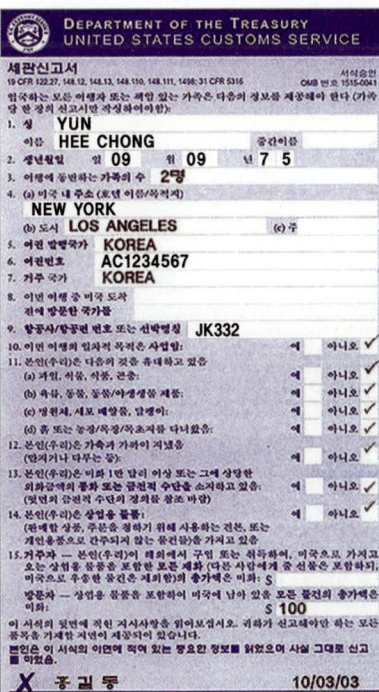

1. 성
2. 생년월일
3. 혼자 입국 시에는 ○이라고 표시, 세 사람이 들어오면 본인을 제외하고 2라고 기재
4. 미국에서 거주할 주소
5. 여권을 받은 곳, 한국이면 KOREA
6. 여권번호
7. 현재 거주하는 곳 한국이면 KOREA
8. 미국에 오기 전에 방문한 나라를 적는다.
9. 비행기번호를 적습니다.

10번 질문부터는 세관과 연관이 있다

⑩ 이번 여행이 상업적인 목적인가?
⑪ 가지고 오는 짐 속에 들은 내용품에 관해서 입니다.
　(a) 식품이나 과일 등을 가지고 들어오는가?
　금지품이 아니면 관계 없으니 사실대로 기재를 한다.
　(b) 고기, 동물이나 야생동물로 만든 제품을 가지고 오는 여부
　(c) 달팽이나 패류 등을 소지했나 여부.
　(d) 흙 등을 소지한 여부.
⑫ 가축 등을 만지거나 돌보거나 한 적이 있는가 여부.
⑬ 미화 10,000불 이상을 소지 하고 있는가?
⑭ 상업용 견본을 소지했는가 여부, 팔거나 아니면 부탁으로 가지고 오는 것 등.
⑮ 미국 거주자에 한해서 가지고 들어오는 물건의 금액. Redidents는 미국 거주자가 적을 곳, 방문객이나 유학생 등 미국거주자가 아닌 경우에는 Visitor에 적습니다.

PART 03 공항에서

꼭 알아두면 편한 알짜배기 영어회화

Where is the currency exchange office?
웨얼 이즈 더 커렌씨 익스체인지 오피스?

환전소는 어디입니까?

How much is your commission?
하우 머취 이즈 유어 커미션?

수수료가 얼마입니까?

I'd like large / small bills.
아이드 라잌 라쥐 / 스몰 빌스

고액원/소액원으로 바꿔 주세요.

How could I get to the hotel?
하우 쿠드 아이 겟 투 더 호텔?

호텔까지 어떻게 갑니까?

Where should I buy tickets?
웨얼 슈드 아이 바이 티켓츠?

어디서 표를 사야 하나요?

How much is the fare?
하우 머취 이즈 더 페어?

요금이 얼마지요?

When should I get off?
웬 슈드 아이 겟 옵?

언제 내리면 됩니까?

Take me to the Revers Hotel.
테잌 미 투 더 리버스 호텔

리버스호텔로 가주세요.

환전을 할 때

환전은 여행 경비에 대한 계획을 철저히 세워 추가 환전이 없도록 한다. 특히 동전은 재환전이 되지 않으므로 먼저 지출하도록 한다. 동전이 남지 않게 하는 것도 경비를 절약할 수 있는 방법 중의 하나이다.

MP3 Track 8

- 환전소는 어디입니까?

    Where is the currency exchange office?

    웨얼 이즈 더 커렌씨 익스체인지 오피스?

- 십만원을 달러로 환전해 주시겠습니까?

    Would you exchange one hundred thousand won to dollars?

    우 쥬 익스체인쥐 원 헌드레드 사우전드 원 투 달러스?

- 오늘의 환율은 얼마 입니까?

    What's the exchange rate today?

    왓츠 디 익스체인쥐 레잇 투데이?

- 잔돈도 섞어 주세요.

    With some change, please.

    윗 썸 체인쥐, 플리즈

- 수수료가 얼마입니까?

    How much is your commission?

    하우 머취 이즈 유어 커미션?

- 여행자 수표밖에 없습니다.

    I only have a traveler's check.

    아이 온리 해버 트레블러스 첵

- 어떻게 바꿔드릴까요?

    How would you like your money?

    하우 우 쥬 라잌 유어 머니?

- 전부 1달러로 주세요.

    All singles, please.

    올 싱글즈 플리즈

- 영수증 좀 주세요.

    Can I have a receipt?

    캔 아이 해버 립씻트?

● 꼭 알아야할 WORD

currency exchange office
환전소
exchange 환전하다
commission 수수료
traveler's check 여행자 수표
calculation 계산

- 계산이 잘못된 것 같습니다.

    I think the calculation is not correct.

    아이 씽크 더 칼큐레이션 이즈 낫 커렉트

- 고액원 / 소액원으로 바꿔 주세요.

    I'd like large / small bills.

    아이드 라잌 라쥐 / 스몰 빌스

관광 안내소에서

공항을 나오기 전 관광 안내소에 들러 관광여행 안내서, 시내 지도, 교통노선도 등을 무료로 구할 수 있을 뿐만 아니라 다양한 일일투어 정보도 쉽게 구할 수 있다.

MP3 Track 9

- 관광안내소는 어디에 있나요?

    Where's the tourist information center?

    웨얼즈 더 투얼리스트 인포메이션 센터?

- 호텔 리스트가 있나요?

    Is there a list of hotels?

    이즈 데얼 어 리스트 어브 호텔스?

- 렌트카는 어디서 합니까?

    Where's the car rental counter?

    웨얼즈 더 카 렌탈 카운터?

- 여기서 호텔 예약이 가능합니까?

    Could I make a reservation for a hotel here?

    쿠드 아이 메익 어 레져베이션 포 러 호텔 히얼?

- 관광안내 책자 하나 주세요.

    Give me a tourist brochure, please.

    깁 미 어 투얼리스트 브러셔, 플리즈

- 버스 시간표 한 장 주세요.

  Could you give me a bus time table?

  큐 쥬 깁 미 어 버스 타임 테이블?

- 지도 한 장 주시겠어요?

  May I have a city map, please.

  메아이 해브 어 씨리 맵, 플리즈

● 꼭 알아야할 WORD

make a reservation
예약하다
tourist brochur
관광안내책자

- 호텔까지 어떻게 갑니까?

  How could I get to the hotel?

  하우 쿠드 아이 겟 투 더 호텔?

- 리무진 버스와 택시를 이용하실 수 있습니다.

  You can use a limousine or a taxi.

  유 캔 유즈 어 리무진 올 어 택시

- 리무진 버스를 이용할겁니다.

  I'll take a limousine.

  아일 택 어 리무진

- 호텔 까지 택시 요금은 얼마정도 하나요?

  How much dose it cost to get to the Hotel?

  하우 머취 더즈 잇 코스트 투 겟 투 더 호텔?

- 지하철 노선도 있나요?

  Can I get a subway map?

  캔 아이 겟어 서브웨이 맵?

- 그 호텔은 역에서 멉니까?

    Is that hotel far from the station?

    이즈 댓 호텔 파 프롬 더 스테이션?

- 싼 호텔 좀 추천해 주시겠습니까?

    Could you recommend a cheap hotel?

    쿠 쥬 리코멘드 어 칩 호텔?

- 입장료가 있나요?

    How much is the entrance fee?

    하우 머취 이즈 더 엔트런스 피?

- 약도 좀 그려 주시겠어요?

    Could you draw a map, please.

    쿠 쥬 드로우 어 맵, 플리즈

- 버스는 어디에서 타야 하나요?

    Where can I take a bus?

    웨얼 캔 아이 테이커 버스?

- 얼마나 자주 오나요?

    How often do the buses run?

    하우 오픈 두 더 버스 런?

- 어떤 버스가 시내로 가나요?

    Which bus goes to downtown?

    위치 버스 고즈 투 다운타운?

- 어디서 표를 사야 하나요?

  Where should I buy tickets?

  웨얼 슈드 아이 바이 티켓츠?

- 렌탈 비용은 어떻게 됩니까?

  How much does it cost to rent one?

  하우 머취 더즈 잇 코스트 투 랜트 원?

- 택시 승강장은 어디에 있습니까?

  Where's the taxi stop?

  웨얼즈 더 택씨 스탑?

- 근처에 유스호스텔은 없습니까?

  Is there a youth hostel near here?

  이즈 데얼 어 유쓰 호스텔 니어 히어?

- 관광시간은 얼마나 걸리나요?

  How long does the tour take?

  하우 롱 더즈 더 투어 테잌?

● 꼭 알아야할 WORD

recommend 추천하다
entrance fee 입장료
take a bus 버스 타다
taxi stop 택시 승강장

- 예약 좀 해주시겠어요?

  Could you make a reservation for me?

  쿠 쥬 메이 커 레져베이션 포 미?

- 현지 안내원을 기다리는 중입니다.

  I'm still waiting for our local tour guide.

  아임 스틸 웨이링 포 아워 로컬 투어 가이드

- 출구가 어느 쪽인가요?

    Where's the exit?

    웨얼즈 디 엑씻?

- 이 버스가 센트럴파크로 가나요?

    Is this bus bound for Central Park?

    이즈 디스 버스 바운드 포 쎈트럴 팍?

- 시청으로 가려면 어디서 내려야 하나요?

    Where should I get off for City hall?

    웨얼 슈드 아이 겟 옵 포 씨티 홀?

- 시청으로 가려면 어느 출구로 나가야 합니까?

    Which exit should I use for City Hall?

    위치 엑씩 슈드 아이 유즈 포 씨티 홀?

- ○○○ 호텔까지 몇 정거장 남았나요?

    How many more stops are there to 000 Hotel?

    하우 매니 모어 스탑스 알 데얼 투 000호텔?

- 두 정거장 남았습니다.

    There are two more stops.

    데어 알 투 모어 스탑스

- 언제 내리면 됩니까?

    When should I get off?

    웬 슈드 아이 겟 어프?

● 꼭 알아야할 WORD

bound for~ ~향하다
get off 내리다
exit 출구
stop 정류장

- 내릴 곳이 지난 것 같습니다.

  I think I missed my stop.

  아이 씽크 아이 미스드 마이 스탑

- 버스를 잘못 탄 것 같습니다.

  I think I'm going the wrong way.

  아이 씽크 아임 고잉 더 뤙 웨이

- 센트럴 파크로 가는 지하철이 맞나요?

  Is this the train to Cetral Park?

  이즈 디스 더 트레인 투 쎈트럴 팍?

- 몇 호선으로 갈아타야 합니까?

  Which line should I transfer to?

  위치 라인 슈드 아이 트렌스펄 투?

- 콜 택시 한 대만 불러주시겠어요?

  Could you call a cab for me?

  쿠 쥬 코러 캡 포 미?

- 어디로 가십니까?

  Where to?

  웨얼 투?

- 리버스호텔로 가주세요.

  Take me to the Revers Hotel.

  테익 미 투 더 리버스 호텔

- 트렁크 좀 열어 주시겠어요?

  Would you open the trunk, please.

  우 쥬 오픈 더 트렁크, 플리즈

- 좀 서둘러 주시겠어요?

  Would you mind hurry up?

  우 쥬 마인드 허리 업?

- 얼마나 걸립니까?

  How long does it take to(get to) the hotel?

  하우 롱 더즈 잇 테익 투 (겟 투) 더 호텔?

- 약 30분 정도 걸립니다

  About thirty minutes.

  어바웃 써리 미닛츠

- 이 근처에서 내려주세요.

  Please drop me off around here.

  플리즈 드랍 미 어프 어라운드 히어

- 요금이 얼마지요?

  How much is the fare?

  하우 머취 이즈 더 페얼?

- 거스름돈이 맞지 않는 것 같은데요.

  I think this is the wrong change.

  아이 씽크 디스 이즈 더 륑 췌인지

꼭 알아두어야 할 point word

출발입구 **departure gate** 디파쳐 게이트	도착입구 **arrival gate** 얼라이벌 게이트
탑승입구 **boarding gate** 보딩 게이트	탑승수속 중 **now boarding** 나우 보딩
정각에 **on time** 안 타임	지연 **delayed** 딜레이드
공석 대기 **stand by** 스탠 바이	국내선 **domestic** 도메스틱
금연 **no smoking** 노 스모킹	비어있음 **vacant** 베컨트
안전밸트 착용 **fasten belt** 패슨 벨트	호출버튼 **call button** 콜 버튼
쓰레기통 **wastebasket** 웨스트베스켓	외환 교환소 **exchange** 익스췌인쥐

꼭 알아두어야 할 point Word

코인 **coin** 코인	지폐 **bill** 빌
25센트 **quarter** 쿼터	10센트 **dime** 다임
5센트 **nickel** 니켈	1센트 **penny** 페니
환전 **exchange** 익스체인쥐	수수료 **service fee** 써비스 피
값비싼 **expensive** 익스펜씨브	값싼 **cheap** 칩
청결한 **clean** 클린	장소 **location** 로케이션
포함하다, 넣다 **include** 인클루드	세금 **tax** 택

꼭 알아두어야 할 point word

택시 승강장 **taxi stand** 택시 스탠드	버스 정류소 **bus stop** 버스 스탑
리무진 **limousine** 리무진	공항버스 **airport bus** 에어폿 버스
시내버스 **city bus** 시티 버스	중심가 **downtowm** 다운타운
환율 **exchange rate** 익스췌인지 레잇	잔돈 **small change** 스몰 체인쥐
시내 **downtown** 다운타운	추천하다 **recommend** 리코멘드
안내원 **guide** 가이드	출구 **exit** 엑씩
버스시간표 **bus timetable** 버스타임테이블	왕복운행 **shuttle** 셔틀

세계주요공항

인천국제공항 Incheon International Airport
아시아의 허브 공항을 목표로 건설되어 깨끗하고 빠르며 안전한 공항을 만들기 위해 노력하고 있다. 또한 편리한 공항을 만들기 위해 무료 샤워시설과 휴식 공간, 인터넷, 어린이 놀이방 등이 운영되고 있다. 관광객을 위한 한국문화체험관과 각종 공연도 펼쳐지고 있어 공항을 찾는 방문객에게 즐거움을 준다. 리무진 버스는 여객터미널과 가장 가까운 곳에 하차할 수 있는 장점이 있고 공항철도의 경우 비용이 저렴한 반면 탑승수속 카운터까지 이동시간이 상당하다.

홍콩 첵랍콕국제공항 Hongkong International Airport
홍콩 첵랍콕 섬에 위치해 있으며 인천국제공항보다 규모면에서 작지만 시내 접근성이 좋고 인근에 디즈니랜드, 옹핑빌리지 등이 있다. 홍콩 시내와 연결하는 교통수단으로 공항 고속열차와 다양한 노선의 공항버스, 택시, 이층버스도 운행한다. 전문화 된 다양한 공간과 고품격 서비스가 제공되며 면세점은 터미널 1의 경우가 더 잘 갖추어져 있다. 시설면에서 우수하고 무선 인터넷을 무료로 쓸 수 있도록 무선 시설을 설치해 놓았고 플러그도 곳곳에 마련되어 있다.

싱가포르 창이공항 Singapore International Airport
여객 편의 위주로 설계된 창이공항은 복사기, 팩시밀리, 회의장 시설이 포함된 비즈니스센터, 무료로 관람할 수 있는 소형 영화관과 24시간 연중무휴로 운영되는 의료센터 등 수준 높은 서비스를 제공한다. 싱가포르를 경유하는 승객을 위한 공항 내 호텔은 6시간 단위로 계산되어 체크인과 체크아웃의 시간 개념이 없다. 그 밖에 어린이들을 위한 과학센터와 장애인을 위한 이동로 등이 잘 갖춰져 있다. 출국라인과 입국라인이 완전히 분리된 인천공항과 달리 게이트 안쪽을 출입국 승객이 공용으로 사용하기 때문에 면세점이나 식당 등의 편의시설 이용이 편리하나 출국자는 탑승시간보다 여유 있게 게이트로 이동해야 하는 단점이 있다.

독일 프랑크푸르트국제공항 Frankfurt Main Airport
프랑크푸르트국제공항은 유럽 중앙부에 위치한 지리적 조건으로 인하여 유럽 교통 중심지 역할을 하고 있어 여객 수송과 화물 실적, 환승 공항으로서의 역할 등 명실공히 허브공항으로서의 몫을 담당하고 있다. 상대적으로 인천공항에 비하여 편의시설과 서비스는 부족한 편이고 면세점 규모도 작다. 프랑크푸르트 시내 남서쪽에 위치하고 있으며 전철로 20분이면 시내에 도착할 수 있다. 택시나 버스의 경우 20~40분 소요된다. 1, 2터미널로 나눠져 있고 터미널 1이 메인으로 버스나 택시 등은 터미널 1에서 이용해야 한다.

아랍에미리트 두바이국제공항 Dubai International Airport
아시아와 북미, 남미, 유럽, 아프리카를 연결하는 세계적인 교통의 요충지로 화물 처리양도 세계 최고 수준이다. 대륙과 대륙을 잇는 공항이기 때문에 다국적 사람들로 붐야성을 이루어 상점과 면세점도 24시간 운영하기 때문에 새벽에 도착해도 불편함이 없다. 면세점도 상당한 규모이고 아랍 토산물도 다양하게 판매하여 쇼핑의 즐거움이 있다. 대기시간 4시간 이상일 경우 간단한 조식뷔페 정도의 식사를 무료로 제공한다. 출·입국 수속도 빠르고 국제공항으로서의 완벽한 모습을 갖추고 있다는 평가이다.

미국 시카고 오헤어국제공항
Chicago O' Hare International Airport
시카고 출신 전투기 조종사 에드워드 오헤어 소령의 이름을 딴 오헤어국제공항은 미국에서 존에프케네디국제공항과 함께 이착륙 비행기가 가장 많은 곳으로 항공 노선과 도로망이 집결되어 있다. 항공 이용이 많은 미국의 특성상 국내선 비행기가 주류를 이루기 때문에 면세점의 규모가 상당히 작고 서비스도 많이 부족한 편이다. 오헤어국제공항은 결항과 딜레이로 악명이 높은데 이는 시카고의 날씨와 무관하지 않다. '바람의 도시'라고 불릴 정도로 연중 바람이 매우 강하게 불고 눈이 많이 내리기 때문이다.

PART 04 교통

꼭 알아두면 편한 알짜배기 영어회화

I have lost my way. Could you help me?
아이 해브 로스트 마이 웨이. 쿠쥬 헬 미?

길을 잃었습니다. 도와주실래요?

Take me to this address, please.
테잌 미 투 디스 어드레스, 플리즈

이 주소로 데려다 주십시오.

Is the subway station near here?
이즈 더 썹웨이 스테이션 니어 히어?

이 근처에 지하철역이 있습니까?

How far is it?
하우 파 이짓?

얼마나 멀죠?

Please stop here. I'll get off/out here.
플리즈 스탑 히어. 아일 겟 어프 / 아웃 히어

여기 세워 주세요. 내릴게요.

Does the bus stop at Korea Town?
더즈 더 버스 스탑 앳 코뤼아타운?

이 버스가 코리아타운에 섭니까?

I'd like to rent a car.
아이드 라잌 투 렌트 어 카

차를 빌리고 싶습니다.

Where is the nearest gas station?
웨얼 이즈 더 니어리스트 게스 스테이션?

가까운 주유소가 어디에 있습니까?

처음가는 길을 물을 때

낯선 이국에서 길을 잃었을 때 말도 안통하고 지도만 갖고 찾기도 어렵고 참 난감한 일이다. 이럴 때 사용할 수 있는 여러 가지 표현을 익혀서 모르는 길이나 유명 관광지를 찾는 데 사용하도록 하자.

MP3 Track 10

● 버스정류장으로 가는 길을 가르쳐 주시겠어요?

Could you tell me the way to the bus stop?

쿠쥬 텔 미 더 웨이 투 더 버스탑?

● 길을 잃었습니다. 도와주실래요?

I have lost my way. Could you help me?

아이 해브 로스트 마이 웨이. 쿠쥬 헬 미?

● 이 도로의 이름이 뭐죠?

What's the name of this street?

왓츠 더 네임 어브 디스 스트릿?

● 어디를 가시는 길입니까?

Which way are you going to?

위치 웨이 아 유 고잉 투?

● 어디에 가려고 하십니까?

Where would you like to go?

웨얼 우쥬 라잌 투 고우?

- 이 길이 중앙역으로 가는 길인가요?

  Does this street go to central station?

  더즈 디스 스트릿 고우 투 센츄럴 스테이션?

- 면세점을 찾고 있습니다.

  I'm looking for a duty-free shop.

  아임 루킹 포 어 듀티 프리 샵

- 그것은 몇 번가에 있습니까?

  What street is that on?

  왓 스트릿 이즈 댓 언?

- 왼쪽으로 돌면 5번가가 나옵니다.

  Turn left on to 5th Avenue.

  턴 레프트 언 투 피프쓰 에비뉴

- 거기까지 걸어가는 데 얼마나 걸릴까요?

  How much time would it take to walk there?

  하우 머취 타임 우드 잇 테익 투 웍 데어?

- 여기서부터 어떻게 가야 하나요?

  How do I get there from here?

  하우 두 아이 겟 데어 프럼 히어?

● 꼭 알아야할 WORD

duty free shop
면세점
avenue
수단, 길, 도로, 대로

- 두 번째 신호등이 나올 때까지 곧장 가세요.

  Go straight until you come to the second traffic light.

  고 스트레이트 언틸 유 컴 투 더 세컨드 트레픽 라이트

- 제가 잘못 온 것인가요?

  Am I on the wrong street?

  앰아이 온 더 워롱 스트릿?

- 은행까지 가는 길을 가르쳐 주세요?

  Please tell me the way to the bank.

  플리즈 텔 미 더 웨이 투 더 뱅크

- 공항으로 가는 가장 좋은 방법이 무엇인가요?

  What's the best way to get to the airport?

  왓츠 더 베스트 웨이 투 겟 투 디 에어포트?

- 지하철을 타시는 것이 좋을 겁니다.

  You'd better take the subway.

  유드 베러 테잌 더 서브웨이

- 얼마나 멀죠?

  How far is it?

  하우 파 이짓?

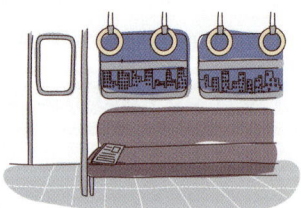

- 택시로 10분 걸립니다.
  It takes 10 minutes by taxi.
  잇 테잌스 텐 미니츠 바이 택시

- 그렇게 멀지 않아요.
  It's not that far.
  잇즈 낫 댓 파

- 걸어서 5분 거리입니다.
  It takes 5 minutes on foot.
  잇 테잌스 파이브 미니츠 온 풋

- 계속 똑바로 가세요.
  Keep going straight.
  킾 고잉 스트레이트

- 이 길을 따라 가세요.
  Follow this way road.
  팔로우 디스 웨이 로드

- 교차로에서 우측으로 돌아 가세요.
  Turn right at the intersection.
  턴 라이트 앳 디 인터쎅션

- 다른 사람에게 물어보십시오.
  Please ask someone else.
  플리즈 에스크 썸원 엘스

● 꼭 알아야할 WORD

airport 공항, 비행장
on foot 걸어서, 도보로
follow 따라가다
intersection 교차점

- 미안합니다. 잘 모르겠어요.
  I'm sorry. I don't know.
  아임 쏘리. 아이 돈트 노

- 저도 여기는 초행길입니다.
  I'm a stranger here.
  아임 어 스트레인져 히어

- 동쪽으로 한 블록을 가십시오.
  Go east for one block.
  고우 이스트 포 원 블록

- 당신은 반대로 가고 있어요.
  You are going in the opposite direction.
  유 아 고잉 인 디 오퍼쥐트 디렉션

- 여기서 그렇게 멀지 않아요.
  It's not so far from here.
  잇츠 낫 쏘 파 프럼 히어

● 꼭 알아야할 WORD

opposite
반대편의
easy
쉬운, 용이한

- 찾기 쉬운가요?
  Is it easy to find?
  이짓 이지 투 파인드?

- 찾기 쉬워요.
  You can't miss it.
  유 캔트 미스 잇

택시를 이용할 때

택시는 대중교통에 비하면 매우 비싸다. 하지만 시내에서 짧은 거리를 이용하기엔 적당한 교통수단이다. 팁은 요금의 10%정도를 준비하고 짐이 많으면 별도의 팁을 준비하는 것이 좋다.

MP3 Track 11

- 택시를 타는 곳이 어디입니까?
  ### Where is the taxi stop?
  웨얼 이즈 더 택시 스탑?

- 어디에서 택시를 잡을 수 있습니까?
  ### Where can I catch a taxi?
  웨얼 캔 아이 캐취 어 택시?

- 어디 가십니까?
  ### Where are you going?
  웨얼 아 유 고잉?

- 꼭 알아야할 WORD

  taxi stop
  택시 승차장

- 공항으로 갑시다.
  ### Please take me to the airport.
  플리즈 테잌 미 투 디 에어포트

- 공항까지 몇 분이나 걸릴까요?
  ### How many minutes does take until airport?
  하우 매니 미니츠 더즈 테잌 언틸 에어포트?

- 이 주소로 데려다 주십시오.

    Take me to this address, please.

    테잌 미 투 디스 어드레스, 플리즈

- 롯데호텔까지 부탁합니다.

    Take me to the Lotte Hotel, please.

    테잌 미 투 더 롯데호텔, 플리즈

- 가장 가까운 길로 가 주세요.

    Take the shortest way, please.

    테잌 더 숏티스트 웨이, 플리즈

- 빨리 가 주세요.

    Step on it, please.

    스텝 언 잇, 플리즈

- 급한데요. 좀 더 빨리 갈 수 없을까요?

    I'm in a hurry. Can't you go faster?

    아임 이너 허리. 캔츄 고우 페스터?

- 여기 세워 주세요. 내릴게요.

    Please stop here. I'll get off.

    플리즈 스탑 히어. 아일 겟 어프

- 잠깐 기다려 주십시오.

    Wait here for a while, please.

    웨잇 히어 포 어 화일, 플리즈

- 곧 돌아오겠습니다.
  I'll be back in a minute.
  아일 비 백 인 어 미닛츠

- 트렁크 좀 열어 주시겠어요?
  Could you open the trunk?
  쿠쥬 오픈 더 트렁크?

- 가방 좀 꺼내 주실래요?
  Could you take out my bag?
  쿠쥬 테잌 아웃 마이 백?

- 얼마입니까?
  How much is it?
  하우 머취 이짓?

- 요금이 잘못된 것 같습니다.
  The fare doesn't seem right?
  더 페어 더즌트 씸 롸이트

- 거스름돈은 가지세요.
  Keep the change.
  킾 더 췌인지

● 꼭 알아야할 WORD

address 주소
shortest 가장 짧은
fare 운임요금

버스를 이용할때

대중교통을 이용하여 여행하려는 사람에게 버스·지하철 노선도와 시간표는 필수다. 관광 안내소나 대중교통 안내소에서 쉽게 얻을 수 있다. 또한 여러 가지 교통 패스도 일정에 맞게 미리 준비하는 것이 좋다.

MP3 Track 12

- 어디서 버스 노선도를 구할 수 있을까요?

  Where can I get a bus route map?

  웨얼 캔 아이 게러 버스 루트 맵?

- 산타바바라행 버스 정류장은 어디입니까?

  Where is the bus stop for Santa Barbara?

  웨얼 이즈 더 버스 스탑 포 싼타바바라?

- 이 줄이 버스를 기다리는 줄입니까?

  Is this the line for the bus?

  이즈 디스 더 라인 포 더 버스?

- 다음 버스는 언제 옵니까?

  When is the next bus?

  웬 이즈 더 넥스트 버스?

- 버스는 언제 출발 합니까?

  When does the bus leave?

  웬 더즈 더 버스 리브?

- 버스는 매시 출발합니다.

  The bus departs every hour on the hour.

  더 버스 디파츠 애브리 아워 온 디 아워

- 버스요금이 얼마입니까?

  How much is the bus fare?

  하우 머취 이즈 더 버스 페어?

- 거기에 가는 직행 버스가 있습니까?

  Is there any bus that goes there directly?

  이즈 데어래니 버스 댓 고즈 데어 다이렉틀리?

- 이 버스가 코리아타운에 섭니까?

  Does the bus stop at Korea Town?

  더즈 더 버스 스탑 앳 코뤼아타운?

- 버스를 잘못 탄 것 같아요.

  I think I took the wrong bus.

  아이 씽크 아이 툭 더 렁 버스

- 다음 정류장에서 내리겠습니다.

  I'll get off at the next stop.

  아일 겟 어프 앳 더 넥스탑

- 우리 걸어갈까 아니면 버스를 타고 갈까?

  Shall we walk or go by bus?

  쉘 위 워크 오어 고우 바이 버스?

● 꼭 알아야할 WORD

route
길, 통로, 노선, 항로, 루트
bus fare 버스요금
directly 곧장, 똑바로
get off ~에서 내리다

- 도착하면 알려 주십시오.

  Tell me when we get there.

  텔 미 웬 위 겟 데어

- 이번 정류장에서 갈아타야 합니다.

  You have to transfer at this stop.

  유 햅투 트랜스퍼 앳 디스 스탑

- 이번에 내리면 되나요?

  Should I get off now?

  슈드 아이 겟 어프 나우?

- 갈아 타는 표를 주시겠어요?

  May I have a transfer ticket?

  메이 아이 해버 트랜스퍼 티켓?

- 요금이 얼마죠?

  How much is the fare?

  하우 머취 이즈 더 페어?

- 버스를 놓치지 않도록 하세요.

  Take notice you don't miss the bus.

  테익 노티스 유 돈트 미스 더 버스

- 버스가 왜 이렇게 안 오죠?

  What's keeping the bus?

  왓츠 키핑 더 버스?

- 버스가 5분 일찍 도착했습니다.

  The bus arrived five minutes early.

  더 버스 어라이브드 퐈이브 미니츠 얼리

- 라스베가스 가는 직행버스가 있습니까?

  Is there any bus that goes to Las Vegas directly?

  이즈 데어 에니 버스 댓 고우즈 투 라스 베이거스 다이렉틀리?

- 지금 가는 게 좋겠어요, 안 그러면 버스를 놓칠 거에요.

  You'd better go now, otherwise you'll miss the bus.

  유드 베러 고 나우, 아더와이즈 유윌 미스 더 버스?

- 샌디에고까지는 몇 정류장이나 됩니까?

  How many stops before San Diego?

  하우 메니 스탑스 비풔 샌디에고?

- 아마 7정거장은 될 거예요.

  I guess about seven.

  아이 게스 어바웃 세븐

- 이번에 내리면 되나요?

  Should I get off now?

  슈드 아이 겟 어프 나우?

● 꼭 알아야할 WORD

transfer 옮기다, 이동하다, 전임하다
notice 주목, 주의
directly 똑바로, 일직선으로
otherwise 만약, 그렇지 않으면

열차와 지하철을 이용할 때

뉴욕의 지하철은 우리나라의 서울처럼 노선망이 잘 발달되어 있어 편리하고 저렴한 교통수단이다. 러시아워나 길의 막힘 때문에 지체되기 쉬운 버스보다 훨씬 빠르고 여러 명소의 바로 앞까지 갈 수 있어 편리하다.

MP3 Track 13

- 이 근처에 지하철역이 있습니까?

  ### Is the subway station near here?

  이즈 더 썹웨이 스테이션 니어 히어?

- 표를 어디에서 삽니까?

  ### Where can I buy a ticket?

  웨얼 캔 아이 바이 어 티켓?

- 지하철이 공사중입니다.

  ### The subway is under construction.

  더 써브웨이 이즈 언더 컨스트럭션

- 지하철 노선도를 구할 수 있을까요?

  ### Can I get a subway route map, please?

  캔 아이 게러 써브웨이 루트 맵, 플리즈?

- 서부역은 몇 호선입니까?

  ### Which line is for West station?

  위치 라인 이즈 포 웨스트 스테이션?

- 지하철은 얼마 간격으로 운행되나요?

  How often do the subways run?

  하우 오픈 두 더 써브웨이 런?

- 어디에서 기차를 갈아탑니까?

  Where should I transfer.

  웨얼 슈다이 트랜스퍼

- 시내로 가려면 몇 호선을 타야 하나요?

  Which line should I take to go downtown?

  위치 라인 슈드 아이 테익 투 고 다운타운?

- 새 지하철 노선이 월요일에 개통된대요.

  The new subway line opens Monday.

  더 뉴 썹웨이 라인 오픈즈 먼데이

- 남편한테 부탁해서 지하철역까지 모셔다 드릴게요.

  I'll get my husband to drive you to the subway station.

  아윌 겟 마이 허즈번드 투 드라이브 유 투 더 써브웨이 스테이션

- 이 기차가 남부역에 갑니까?

  Is this train for South station?

  이즈 디스 트레인 포 싸우스 스테이션?

● 꼭 알아야할 WORD

construction
건설, 건조, 건축
downtown
중심가, 상업지구, 도심

- 다음 역은 무슨 역입니까?

  What's the next station?

  왓츠 더 넥스트 스테이션?

- 1번 출구는 어디에 있습니까?

  Where is the number 1 exit?

  웨얼 이즈 더 넘버 원 엑씻?

- 표를 잃어버렸습니다.

  I lost my ticket.

  아이 로슷 마이 티켓

- 막차가 몇 시에 있습니까?

  What time is the last train?

  왓 타임 이즈 더 래스트 트레인?

● 꼭 알아야할 WORD

ticket window 매표소
reserve 예약하다

- 매표소는 어디에 있습니까?

  Where is the ticket window?

  웨얼 이즈 더 티켓 윈도우?

- 예약 창구는 어디에 있습니까?

  Which window can I reserve a seat at?

  위치 윈도우 캐나이 리져버 씨랫?

- 좌석을 예약하고 싶습니다.

  I'd like to reserve a seat.

  아이드 라잌 투 리져브 어 싯

- 침대칸을 예약하고 싶습니다.

  I'd like to reserve a sleeping car.

  아이드 라잌 투 리져브 어 슬리핑 카

- 상층으로 해 주세요.

  I'd like to have the upper bed.

  아이드 라잌 투 해브 더 어퍼 베드

- 금연차로 해주세요.

  Non smoking section, please.

  넌 스모킹 섹션, 플리즈

- 로스앤젤레스행 편도 두 장 주시겠어요.

  Two one way tickets for LA, please.

  투 원웨이 티켓츠 포 엘에이, 플리즈

- 더 늦게 출발하는 기차가 있나요?

  Is there a later train?

  이즈 데어러 레이러 트레인?

- 기차는 6시에 LA를 출발합니다.

  The train leaves LA at six.

  더 트레인 리브스 엘에이 앳 씩스

- 기차 시간에 맞추어 갈 수 있을까요?

  Do I have time to catch the train?

  두 아이 해브 타임 투 캐취 더 트레인?

● 꼭 알아야할 WORD

sleeping car
침대차
one way
일방 통행의, 편도의

- 라스베가스행 다음 열차는 7시가 되어서야 떠납니다.

    The next train for Las Vegas doesn't leave until 7:00 o'clock.

    더 넥스트 트레인 포 라스베이거스 더즌트 리브 언틸 세븐 어클락

- 이 열차에 식당차가 있습니까?

    Do you have a dining car in the train?

    두 유 해버 다이닝 카 인 더 트레인?

- 마지막 차량에 있습니다.

    There is one in the rear car.

    데어 이즈 원 인 더 리어 카

● 꼭 알아야할 WORD

until ~까지
dining car (기차의)식당차

- 이 열차는 몇 시에 출발합니까?

    What time does this train leave?

    왓 타임 더즈 디스 트레인 리브?

- 실례지만 자리가 있습니까?

    Excuse me, but is this seat taken?

    익스큐즈 미, 벗 이즈 디스 씻 테이큰?

- 거기는 제 자리인데요.

    That's my seat.

    댓츠 마이 씻

- 표 좀 볼까요?

  May I see your ticket?

  메아이 씨 유어 티켓?

- 다음 정차역은 어디입니까?

  What is the next stop?

  왓 이즈 더 넥스트 스탑?

- 실수로 기차를 잘못 탔습니다.

  I took the wrong train by mistake.

  아이 툭 더 렁 트레인 바이 미스테익

- 센트럴 역은 몇 번째 역입니까?

  How many stops to Central station?

  하우 매니 스탑스 투 센트럴 스테이션?

- 다섯 정거장 더 가셔야 합니다.

  Five more stops to go.

  파이브 모어 스탑스 투 고

● 꼭 알아야할 WORD

mistake 실수
reach ~에 도착하다
briefcase 서류가방

- 그 열차는 시카고에 2시에 도착합니다.

  The train is timed to reach Chicago at 2:00 o'clock.

  더 트레인 이즈 타임드 투 리취 시카고 앳 투 어클락

- 2호 열차에 서류 가방을 두고 내렸어요.

  I left my briefcase on the Number 2 train.

  아이 레프트 마이 블리프케이스 언 더 넘버 투 트레인

- 이 표로 중간에 내릴 수 있습니까?

  Do I stop over with this ticket?

  두 아이 스탑 오버 위디스 티켓?

- 내릴 역을 지나쳤습니다.

  I went past my stop.

  아이 웬트 패스트 마이 스탑

- 이 기차의 종착역은 어디입니까?

  What station is the end of this train?

  왓 스테이션 이즈 디 엔드 어브 디스 트레인?

- 열차가 이 역에서 얼마나 정차하나요?

  How long does the train stop at this station?

  하우 롱 더즈 더 트레인 스탑 엣 디스 스테이션?

- 서두르세요. 그렇지 않으면 기차를 놓치겠어요.

  Hurry up, or you will miss the train.

  허리 업, 오어 유 윌 미스 더 트레인

● 꼭 알아야할 WORD

| past 지난
| miss 놓치다

렌트카를 이용하고 싶을 때

미국은 도로망이 좋아 자동차 여행에 적격이다. 따라서 여럿이 움직일 때 렌트카를 이용하면 다른 교통수단보다 저렴하게 여행 할 수 있다. 미리 예약을 하면 여러 가지 유리한 점이 많으므로 꼭 예약하자

MP3 Track 14

- 차를 빌리고 싶습니다.

    I'd like to rent a car.

    아이드 라잌 투 렌트 어 카

● 꼭 알아야할 WORD

rent 빌리다
company 회사

- 예약을 하셨습니까?

    Do you have a reservation?

    두 유 해버 레져베이션?

- 렌트카 회사가 이 근처에 있습니까?

    Is there a car rental company near here?

    이즈 데어러 카 렌탈 컴파니 니어 히어?

- 마이클이란 이름으로 예약을 했습니다.

    I made a reservation under the name Michael.

    아이 메이드 어 레져베이션 언더 더 네임 마이클

- 얼마동안 렌트할 예정입니까?

    How long will you need it?

    하우 롱 윌 유 니딧?

- 차를 2주간 빌리고 싶습니다.

  I'd like to rent a car for two weeks.

  아이드 라잌 투 렌터어 카 포 투 윅스

- 이게 저의 국제면허증입니다.

  This is my international driver's license.

  디스 이즈 마이 인터네셔널 드라이버스 라이센스

- 자동차 목록을 보여 주시겠어요?

  Can I see your car list?

  캔 아이 씨 유어 카 리스트?

- 어떤 타입의 차가 좋으시겠습니까?

  What type of car would you like?

  왓 타입 어브 카 우쥬 라잌?

- 자동변속의 중형차가 필요해요.

  I need a mid sized car and an automatic.

  아이 니드 어 미드 사이즈드 카 앤드 언 오토매틱

- 소형차를 원합니다.

  I'd like a compact car.

  아이들 라잌 어 컴펙트 카

- 나는 자동변속 밖에 운전하지 못합니다.

  I can only drive an automatic.

  아이 캔 온리 드라이번 오터매틱

● 꼭 알아야할 WORD

international driver's license 국제면허증
mid sized 중형의
automatic 자동의
compact car 소형차

- 보증금은 얼마입니까?

    How much is the deposit?

    하우 머취 이즈 더 디파짓?

- 하루에 얼마가 들죠?

    How much does it cost per day?

    하우 머취 더즈 잇 코스트 퍼 데이?

- 요금표를 보여 주십시오.

    Please show me the price list.

    플리즈 쇼우 미 더 프라이스 리스트

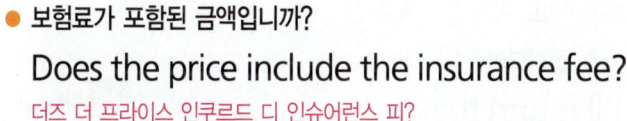

- 전화로 예약을 했습니다.

    I called for an appointment.

    아이 콜드 풔런 어포인먼트

- 보험료가 포함된 금액입니까?

    Does the price include the insurance fee?

    더즈 더 프라이스 인쿠르드 디 인슈어런스 피?

- 보험은 어떻게 하시겠습니까?

    How about the insurance?

    하우 어바웃 디 인슈어런스?

- 종합보험으로 하겠습니다.

    Full insurance, please.

    풀 인슈어런스, 플리즈

● 꼭 알아야할 WORD

deposit 보증금
appointment 약속, 예약
insurance 보험, 보험업, 보험 계약

- 이 문이 찌그러졌어요.

    This door is dented.

    디스 도어 이즈 덴티드

- 다른 차로 교환할 수 있을까요?

    Can I change the car, please?

    캔 아이 췌인지 더 카, 플리즈

- 돌려줄 때는 어떻게 하죠?

    How do I return it after using it?

    하우 두 아이 리턴 잇 앱터 유징 잇?

- 차를 반환할 때 연료를 가득 채워야 합니까?

    Do I have to fill up on petrol before I return the car?

    두 아이 햅투 필 어펀 페트롤 비포 아이 리턴 더 카?

- 차를 돌려드리겠습니다.

    I'll return the car.

    아윌 리턴 더 카

- 기름은 가득 채웠습니다.

    I filled up the tank.

    아이 필덮 더 탱크

꼭 알아야할 WORD

dented 움푹 들어간 곳
fill up ~을 채우다
petrol 휘발유, 가솔린

드라이브를 할때

차를 운행하려면 반드시 주유소에 들려야 한다. 미국에서는 주유소를 게스 스테이션(gas station), 서비스 스테이션(service station)이라고 한다. 또한 차정비에 관한 것도 알아두면 드라이브 중 차에 이상이 생겼을 때 많은 도움이 된다.

MP3 Track 15

- 가까운 주유소가 어디에 있습니까?
  ### Where is the nearest gas station?
  웨얼 이즈 더 니어리스트 게스 스테이션?

- 기름이 다 떨어졌어요.
  ### I'm out of gas.
  아임 아웃 업 게스

- 가다가 기름을 넣어야 합니다.
  ### I have to gas up on the way.
  아이 해브 투 게스 업 온 더 웨이

- 일반으로 가득 채워 주세요.
  ### Fill it up with regular, please.
  휠 잇 업 위드 레귤러, 플리즈

- 엔진오일이 새는 것 같습니다.
  ### I think it's leaking engine oil.
  아이 씽크 잇츠 리킹 엔진 오일

● 꼭 알아야할 WORD

gas station
주유소
regular 일반
leaky
새는, 새기 쉬운

- 주유소 문 닫기 전까지 갈 수 있겠어요?

  Do you think we'll get to the gas station before it closes?

  두 유 씽크 위일 겟투 더 개스 스테이션 비풔 잇 클로지즈?

- 서둘러요, 주유소가 문을 닫고 있어요.

  Hurry up. The gas station is being shut down.

  허리 업. 더 게스스테이션 이즈 비잉 셧 다운

- 여기에 주차해도 될까요?

  Can I park here?

  캔 아이 파크 히어?

- 샌디에고는 어느 길로 가는 것이 좋을까요?

  Which way to San Diego?

  위치 웨이 투 샌디에고?

- 시내까지는 몇 마일입니까?

  How many miles to downtown?

  하우 메니 마일즈 투 다운타운?

- 차 좀 정비하고 싶습니다.

  I need to have this car tuned up.

  아이 니드 투 해브 디스 카 턴드 업

- 차가 어디에 이상이 있습니까?

  What's wrong with your car?

  왓츠 륑 위드 유어 카?

- 차가 고장 났어요.

  My car broke down.

  마이 카 브로크 다운

- 왼쪽 앞바퀴를 점검해주시겠어요?

  Can you check the front left tire, please.

  캔 유 첵 더 프론트 레프트 타이어, 플리즈

- 변속기가 이상이 있어요.

  My transmission is acting up.

  마이 트랜스밋션 이즈 엑팅 업

- 차가 중립 상태에서 떨립니다.

  My car vibrates in neutral.

  마이 카 바이브레이츠 인 뉴트럴

- 배터리가 방전 되었습니다.

  The battery is dead.

  더 배러리 이즈 데드

- 펑크가 났습니다.

  I got a flat tire.

  아이 가러 플랫 타이어

● 꼭 알아야할 WORD

shut down
~를 닫다, ~을 휴업하다
downtown 시내
transmission
변속기
vibrates 흔들리다

- 시동이 걸리지 않습니다.
  # I can't start the engine.
  아이 캔트 스탓 디 엔진

- 타이어 공기압을 살펴봐 주십시오.
  # Check the tire pressure, please.
  첵 더 타이어 프레셔, 플리즈

- 제동이 잘 되지 않습니다.
  # The brakes don't work properly.
  더 브레익스 돈트 워크 프러펄리

- 스테레오를 장착하고 싶습니다.
  # I'd like to install a stereo.
  아이드 라익 투 인스톨 어 스테레오

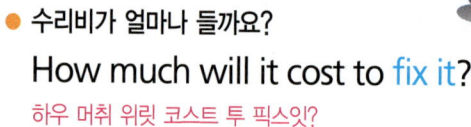

- 수리비가 얼마나 들까요?
  # How much will it cost to fix it?
  하우 머취 윌릿 코스트 투 픽스잇?

- 견적이 얼마나 나오죠?
  # What's the estimate?
  왓츠 디 에스티메이트?

- 지금 고쳐줄 수 있습니까?
  # Can you fix it right now?
  캔 유 픽싯 롸이트 나우?

- 고치는 데 얼마나 걸립니까?

  How soon can you fix it?

  하우 순 캔유 픽싯?

- 꼭 알아야할 WORD

  properly 올바르게
  install 장착하다
  fix it 수리의
  estimate 견적

- 차를 언제 찾아 갈 수 있을까요?

  When can I pick up my car?

  웬 캔 아이 픽업 마이 카?

교통사고가 났을 때

여행 중 교통사고를 당하면 바로 경찰에 신고해야 한다. 그리고 보험회사와 렌트카 회사에 연락하고 사고증명서를 발급받아 보험 처리 등 추후에 발생하는 일에 대비해야 한다.

MP3 Track 16

- 교통사고를 당했습니다.

  I had a car accident.

  아이 해더 카 액시던트

- 다친 사람이 있습니까?

  Is someone injured?

  이즈 썸원 인쥬어드?

● 꼭 알아야할 WORD

injured 부상자
collision
대립, 충돌, 알력, 부조화

- 여기 부상자가 몇 명 있습니다.

  There are some injured people here.

  데어 아 썸 인쥬어드 피플 히어

- 충돌사고를 당했습니다.

  I had a collision.

  아이 해더 컬리전

- 구급차를 불러주십시오.

  Please call an ambulance.

  플리즈 콜 언 앰뷸런스

- 경찰을 불러 주세요.

  Call the police, please.

  콜 더 펄리스, 플리즈

- 교통사고를 신고하려고 합니다.

  I'd like to report a traffic accident.

  아이드 라잌투 리포터 어 트래픽 엑시던트

- 사고가 났습니다.

  I had an accident.

  아이 해던 액시던트

- 견인을 부탁합니다.

  I need a car towed.

  아이 니더 카 토우드

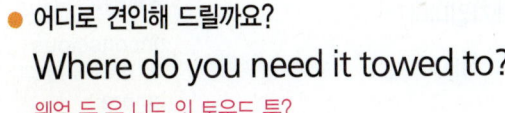

- 어디로 견인해 드릴까요?

  Where do you need it towed to?

  웨얼 두 유 니드 잇 토우드 투?

- 지금 계신 곳이 어디입니까?

  What's the address you're at right now?

  왓츠 디 어드레스 유어 앳 롸이트 나우?

- 그 차가 급제동을 했습니다.

  The car made a sudden stop.

  더 카 메이더 써든 스탑

- 부상 상태가 어떻습니까?

  What are the nature of the injuries?

  왓 아 더 네이춰 어브 디 인져뤼즈?

- 의식이 없습니다.

  He is unconscious.

  히 이즈 언컨셔스

- 제 과실이 아닙니다.

  It wasn't my fault.

  잇 워즌트 마이 쮤트

- 그가 신호를 무시했습니다.

  He ignored the signal.

  히 이그노어드 더 씨그널

- 저야말로 피해자입니다.

  I'm the victim.

  아임 더 븩팀

- ● 꼭 알아야할 WORD

  unconscious
  의식 불명의, 인사불성의
  ignore
  무시하다, 모르는 체하다
  victim
  희생자, 피해자

- 제 책임이 아닙니다.

  I'm not responsible for it.

  아임 낫 리스펀서블 풔릿

- 상황이 잘 기억나지 않습니다.

  I don't remember what happened.

  아이 돈트 리멤버 왓 해펀트

- 렌터카 회사로 연락을 해 주시겠어요?

    Would you contact the car rental company?

    우쥬 컨텍 더 카 렌탈 컴파니?

- 보험처리가 됩니까?

    Will the insurance cover it?

    윌 디 인슈어런스 커버릿?

- 보험회사에 연락해 주십시오.

    Please contact the insurance company.

    플리즈 컨텍 디 인슈어런스 컴파니

- 그가 모든 것을 처리해 줄 것입니다.

    He'll take care of everything.

    히윌 테잌 케어 어브 에브리씽

꼭 알아두어야 할 point Word

시내버스 **city bus** 씨티 버스	환승권 **transfer ticket** 트랜스퍼 티켓
노선 **route** 루트	노선도 **route map** 루트 맵
차장 **conductor** 컨덕터	버스터미널 **terminal** 터미널
급행 **express** 익스프레스	보통(완행) **local** 로컬
갈아타다 **transfer** 트랜스퍼	출구 **exit** 엑씻
입구 **entrance** 엔트런스	관광버스 **sightseeing bus** 싸잇씽 버스
관광명소 **tourist spot** 투어리슷 스팟	팸플릿 **brochure** 브로슈어

꼭 알아두어야 할 point Word

집합장소 **place of meeting** 플레이스 업 미팅	안내소 **information office** 인포메이션 오피스
보험회사 **insurance company** 인슈어런스 컴파니	렌트카 회사 **rental company** 렌틀 컴파니
사고 **accident** 액시던트	고치다 **fix it** 픽 싯
목적지 **destination** 데스티네이션	소형차 **compact car** 컴팩트 카
오픈카 **convertible** 컨버터블	우회전금지 **No right turn** 노 롸잇 턴
진입금지 **Do not enter** 두 낫 엔터	양보 **Yield** 이일드
~의 옆 **next to~** 넥슷 투~	신호 **traffic lights** 트래픽 라잇츠

영국의 렌터카

영국은 우리나라와 달리 운전석과 주행방향이 반대이다. 고속도로와 차선이 잘 정비되어 있으며 외각의 경우 중앙선도 없는 좁은 도로가 상당히 많으니 운전에 주의해야 한다.

- 기간 : 하루나 이틀보다 3일~1주일이 요금 할인 폭이 좋고 한 달 이상 렌탈 계획이라면 리스가 더 저렴하다.

- 차종선택 : 유럽의 유수한 차량을 타 볼 수 있는 기회로 주의할 점은 유럽은 수동 변속기의 비중이 높기 때문에 오토차량의 경우 작은 지점에는 아예 없거나 특정 차종만 있는 경우 또는 소형차에는 없고 중형급 이상에만 있는 경우 등이 있으므로 성수기에 오토차량을 렌탈할 계획이라면 미리 예약을 해 둔다.

- 보험가입 : 미국과 달리 자기 부담금이 있어 사고 발생 시 일정 금액을 운전자가 책임지는 제도이다. 이런 부담금이 부담스러운 경우 면책금을 줄이거나 면제 받기 위한 보험이 따로 있는데 가장 완벽하게 대비하는 super cover가 있다.

- 기본 법규 : 유럽 내에서는 아기를 위한 카시트 사용이 엄격하게 법으로 규정되어 있으므로 아기가 있는 경우 필수 대여한다.

- 라운드어바웃 : 영국은 대부분 교차로가 라운드어바웃(로터리)으로 되어있고 소도시의 경우 신호등이 없는 경우도 많다. 중요한 것은 오른쪽 주행차량 우선으로 라운드어바웃이 나올 경우 우선멈춤을 하고 나가야할 출구에서 나가지 못했을 경우 한 바퀴 더 돌면 된다.

- 주유 : 비슷한 모양의 차량이라도 연료의 종류가 다르므로 렌터카 업체에서 지정한 연료를 사용하고 대부분 셀프 주유이다. 주유소가 많지 않으니 30%정도 남았을 때 미리 주유한다.

- 반납 : 대여 장소와 반납 장소가 다른 경우 반납 비용이 발생하는 경우가 있으므로 계약 시 미리 확인한다.

미국의 렌터카

- **예약** : 일정이 잡히면 서전 예약 할인 요금이 적용되므로 미리 예약하고 제휴사 할인 등도 있으니 해당사항이 있는지 알아본다. 대행업체 또는 렌터카 업체에 바로 예약하거나 해외전문여행사이트를 이용하는 등 다양한 방법이 있으니 비교하여 예약한다. 현지에서 렌탈하는 것보다 한국에서 보험료까지 패키지로 예약하는 것이 더 저렴하다. 우리나라는 예약 시 차의 등급과 차종을 모두 선택하지만 미국은 차의 등급만 선택하고 차종은 현지 사무소에서 동급 차량 중 원하는 차량을 대여 한다.

- **보험가입** : 미국은 차 범죄가 많아서 도난과 파손을 대비하여 보험은 꼭 든다. 자차보험(자기차량손해), 대인(상대편 상해), 대물(상대편 차량 보상), 도난 정도를 가입하면 된다. 자손(자기 상해)의 경우 여행자보험으로 어느 정도 커버가 가능하지만 미국의 경우 병원비가 상당하므로 다소 높은 여행자보험을 든다.

- **픽업** : 렌터카 회사의 셔틀버스를 이용하여 렌터카 영업소로 간다. 필요서류는 예약확인서, 여권, 운전자 명의의 신용카드, 국제운전면허증과 국내면허증 등을 제출하면 보험, 차량 주유 옵션 등을 선택한다. 풀 보험을 가입 했다면 차 외관 흠집은 크게 걱정하지 않아도 되지만 그렇지 않은 경우는 직원에게 주지시켜 사인을 받아둔다.

- **알아두면 좋은 교통법규**
스쿨버스 차량은 앞에서 서행해도 절대 추월하지 않는다. 특히 승, 하차 시 반대편 차선에 있어도 반드시 정차를 해야 한다. 승, 하차가 끝나기 전에 반대편에서 지나치거나 추월 할 경우 엄격한 법 적용을 받게 되므로 주의한다. 미국 시내는 STOP 표지판이 많은데 매우 중요한 사인으로 STOP 표지판을 만나면 완전히 정차하여 좌우에 차가 오는지 확인 후 출발한다.

PART 05 호텔

꼭 알아두면 편한 알짜배기 영어회화

I'd like to make a reservation for a room.
아이드 라잌 투 메이커 레져베이션 포 어 룸

방을 예약 하고 싶은데요.

I made a reservation in advance.
아이 메이드어 레져베이션 인 어드밴스

미리 예약 했습니다.

Is breakfast included?
이즈 브렉풔스트 인클루디드?

아침식사는 포함된 가격입니까?

I'd like cancel my reservation.
아이드 라잌 캔슬 마이 레져베이션

예약을 취소 하고 싶습니다.

Could you bring my bags to my room?
쿠 쥬 브링 마이 백스 투 마이 룸?

짐을 방으로 옮겨 주시겠습니까?

Can I keep my valuables here?
캔 아이 킵 마이 벨류어블스 히얼?

귀중품을 보관 할 수 있습니까?

I forgot my room number.
아이 포갓 마이 룸 넘버

객실 호수를 잊어버렸습니다.

I'd like to change my room.
아이드 라잌 투 체인지 마이 룸

방을 바꾸고 싶습니다.

호텔을 예약할 때

떠나기 전에 한국에서 미리 예약을 하는 것이 좋다. 요즘도 저렴할 뿐 아니라 현지에서 구하려면 번거롭고 방을 구하기도 쉽지 않다. 만약 현지에 도착해서 구하려면 공항 안내소에서 소개를 받는 것이 좋다.

MP3 Track 17

- 방을 예약 하고 싶은데요.

  I'd like to make a reservation for a room.

  아이드 라잌 투 메이커 레져베이션 포 어 룸

- 예약확인을 하고 싶은데요.

  I'd like confirm my reservation.

  아이드 라잌 컨펌 마이 레져베이션

- 예약 하셨습니까?

  Have you reserved the room?

  해브 유 리절브드 더 룸?

- 예약을 하지 않았습니다.

  I don't have a reservation.

  아이 돈트 해브어 레져베이션

- 미리 예약 했습니다.

  I made a reservation in advance.

  아이 메이드어 레져베이션 인 어드밴스

- 하룻밤 숙박료가 얼마입니까?

  What's the rate for a night?

  왓츠 더 레잇 포 어 나잇?

- 예약을 변경할 수 있을까요?

  Is it OK to change my reservation?

  이즈 잇 오케이 투 췌인지 마이 레져베이션?

- 오늘밤 빈 방 있습니까?

  Are there any rooms available tonight?

  알 데얼 애니 룸스 어벨러블 투나잇?

- 이미 방이 꽉 찼습니다.

  I'm afraid we're all booked.

  아임 어프레이드 위얼 올 북키드

- 얼마동안 묵으실 예정인가요?

  How long will you stay?

  하우 롱 윌 유 스테이?

- 사흘간 묵을 2인실을 예약하고 싶습니다.

  I'd like to reserve a twin room for three nights.

  아이드 라잌 투 리절브 어 트윈 룸 포 쓰리 나잇츠

● 꼭 알아야할 WORD

confirm 확인하다
available 이용 가능한
book 예약하다

- 전망 좋은 1인실(2인실)로 부탁합니다.

    I'd like a single(double) room with a nice view.

    아이드 라익 어 싱글(더블) 룸 윗 어 나이스 뷰

- 9월 10일부터 15일까지 5일간 묵을 예정입니다.

    I'll stay for 5 nights, from September 10th to 15th.

    아윌 스테이 포 파이브 나잇츠 프럼 셉템벌 텐쓰 투 퓌프쓰

- 사흘간 묵을 2인실을 예약하고 싶습니다.

    I'd like to reserve a twin room for three nights.

    아이드 라익 투 리절버 트윈 룸 포 쓰리 나잇츠

- 바다가 보이는 방이 있습니까?

    Do you have a room with a ocean view?

    두 유 해브 어 룸 윗 어 오션 뷰?

- 아침식사는 포함된 가격입니까?

    Is breakfast included?

    이즈 브렉풔스트 인클루디드?

- 아닙니다. 객실료 뿐입니다.

    No, only room charge.

    노우, 온니 룸 챠지

- 더 싼 방은 없습니까?

  Don't you have a cheaper room?

  돈츄 해버 칲퍼 룸?

- 방을 먼저 볼 수 있을까요?

  Can I see the room first?

  캔 아이 씨 더 룸 퍼스트?

● 꼭 알아야할 WORD

nice view 전망이 좋은
ocean 바다
breakfast 아침식사
cheaper 싸다
tax includ 세금포함

- 예약을 취소 하고 싶습니다.

  I'd like cancel my reservation.

  아이드 라잌 캔슬 마이 레져베이션

- 예약을 취소 하면 위약금이 있나요?

  Is there a penalty if I cancel the reservation?

  이즈 데얼 어 페널티 이프 아이 캔슬 더 레져베이션?

- 세금이 포함된 가격입니까?

  Is the tax included?

  이즈 더 택스 인클루디드?

- 영희란 이름으로 예약했습니다.

  I made a reservation under younghee.

  아이 메이드 어 레져베이션 언더 영희

- 하루 더 묵을 수 있을까요?

  Can I stay one more day?

  캔 아이 스테이 원 모어 데이?

체크인을 하려고 할 때

보통 호텔의 체크인은 오후 2시 이후에 이루어지며, 체크인을 할 경우 여권, 예약 확인서를 제출하고 예약 확인, 숙박카드에 기입하고 방의 종류, 요금 등을 확인하고 투숙 하도록 한다.

MP3 Track 18

- 체크인 하고 싶은데요.
  I'd like to check in.
  아이드 라잌 투 첵 인

- 성함이 어떻게 되십니까?
  May I have your name?
  매이 아이 해브 유어 네임?

- 숙박 카드를 기입해 주십시오.
  Please fill in the registration card.
  플리즈 필 인 더 레지스트레이션 카드

- 숙박카드는 어떻게 작성합니까?
  Could you tell me how to write it, please?
  쿠 쥬 텔 미 하우 투 롸잇 잇, 플리즈?

- 지불은 어떻게 하시겠습니까?
  How would you like to pay for the charge?
  하우 우 쥬 라잌 투 페이 포 더 챠지?

- 신용카드로 하겠습니다.
  # I'll pay with my credit card.
  아윌 페이 윗 마이 크레딧 카드

- 체크인은 몇시부터 입니까?
  # What time can I check in?
  왓 타임 캔 아이 첵 인?

- 지금 바로 체크인 하셔도 됩니다.
  # You can check in right now.
  유 캔 첵 인 라잇 나우

- 예약이 되어 있지 않은데요.
  # I'm sorry we didn't get your reservation.
  아임 쏘리 위 디든ㅌ 겟 유얼 레져베이션

- 방값은 이미 지불 했습니다.
  # I already paid for the room.
  아이 얼레디 페이드 포 더 룸

● 꼭 알아야할 WORD

fill 채우다
pay for~ ~지불하다
confirmation slip 예약확인서

- 예약 확인서를 보여주시겠어요?
  # Can I see your confirmation slip?
  캔 아이 씨 유얼 컨펌에이션 슬립?

- 도착이 늦을 거 같은데 예약은 취소하지 말아 주십시오.
  # I'll be late, but I won't cancel my reservation.
  아윌비 레잇, 벗 아이 원ㅌ 켄슬 마이 레져베이션

- 다른 호텔을 소개해 주시겠어요?

  Would you recommend any other hotel?

  우쥬 리코멘드 애니 아덜 호텔?

- 비행기 사정으로 도착이 늦을 것 같습니다.

  I'll be late because of the plane.

  아윌 비 레잇 비커즈 업 더 플레인

- 저는 여행사를 통해 예약했습니다.

  A travel agency made a reservation for me.

  어 트레블 에이젼씨 메더 레져베이션 포미

- 한국의 서울에서 왔습니다.

  I am from Seoul, Korea.

  아이엠 프럼 서울, 코리아

● 꼭 알아야할 WORD

be late 늦다
because of ~때문에

호텔 부대시설을 이용할 때

샤워를 할 때에는 샤워 커튼 끝이 욕조 안으로 오게 한 후 찬물을 먼저 틀고 나서 더운 물로 온도를 맞춘다. 영어를 사용하는 국가에서는 더운물 나오는 곳을 H(Hot)로, 찬물 나오는 곳을 C(Cold)로 표시해 놓고 있다.

MP3 Track 19

- 짐을 방으로 옮겨 주시겠습니까?
  Could you bring my bags to my room?
  쿠 쥬 브링 마이 백스 투 마이 룸?

- 방 열쇠입니다. 즐거운 시간 되세요.
  Here is the key. Enjoy your stay.
  히얼 이즈 더 키. 엔조이 유어 스테이

● 꼭 알아야할 WORD

operator
교환원

- 교환원과 연결해 주시겠습니까?
  Would you connect me to the operator?
  우 쥬 커넥트 미 투 디 오퍼레이터?

- 룸서비스를 이용할 수 있습니까?
  Is room service available?
  이즈 룸 서비스 어베일러블?

- 제 방으로 사람을 좀 보내주시겠어요?
  Can you send someone up to my room?
  캔 유 샌드 섬원 업 투 마이 룸?

- 오후 3시경에 택시를 불러 주시겠어요?

  Could you please get a taxi for me at three p.m.?

  쿠 쥬 플리즈 겟 어 택씨 포 미 엣 쓰리 피엠?

- 룸서비스는 몇 시에 끝나요?

  What time does room service stop serving?

  왓 타임 더즈 룸 서비스 스탑 써빙?

- 아침식사를 방으로 좀 보내주세요.

  Please send breakfast to my room.

  플리즈 샌드 브렉퍼스트 투 마이 룸

- 내일 아침 7시에 모닝콜 부탁 드립니다.

  I need a wake-up call at 7a.m. tomorrow morning.

  아이 니드 어 웨컵 콜 앳 쎄븐 에이엠 투모로우 모닝

- 객실 정리 좀 해 주시겠어요?

  Could you make up the room?

  쿠 쥬 메익업 더 룸?

- 귀중품을 보관 할 수 있습니까?

  Can I keep my valuables here?

  캔 아이 킵 마이 벨류어블스 히얼?

- 한국으로 국제전화는 어떻게 거나요?

  How can I make an overseas call to Korea?

  하우 캔 아이 메익 언 오벌씨스 콜 투 코리아?

- 호텔에 어떤 시설이 있습니까?

  What kind of facilities are in the hotel?

  왓 카인드 옵 페실러티스 알 인 더 호텔?

- 세탁 서비스는 있습니까?

  Is there laundry service?

  이즈 데얼 런드리 서비스?

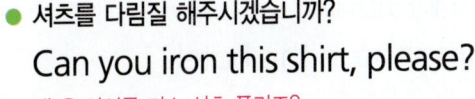

- 세탁을 부탁합니다.

  Laundry service, please.

  런드리 서비스, 플리즈

- 셔츠를 다림질 해주시겠습니까?

  Can you iron this shirt, please?

  캔 유 아이론 디스 셔츠 플리즈?

- 얼룩을 뺄 수 있을까요?

  Can you get this stain out?

  캔 유 겟 디스 스테인 아웃?

● 꼭 알아야할 WORD

wake-up call 모닝콜
make up 정리하다
valuables 귀중품
facility 시설
laundry 세탁

- 세탁하는데 얼마나 걸립니까?

　How long does it take to laundry this shirt?

　하우 롱 더즈 잇 테잌 투 런드리 디스 셔츠?

- 세탁물이 다 됐나요?

　Is my laundry ready?

　이즈 마이 런드리 레뒤?

- 제 것이 아닙니다.

　This is not mine.

　디스 이즈 낫 마인

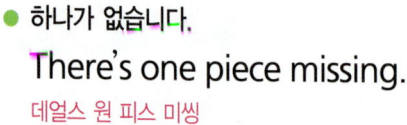

- 하나가 없습니다.

　There's one piece missing.

　데얼스 원 피스 미씽

- 호텔 안에 선물 가게가 있습니까?

　Is there a gift shop in this hotel?

　이즈 데얼 어 기프트 샾 인 디스 호텔?

- 어떤 것을 팔고 있습니까?

　What kind of gifts do they have?

　왓 카인드 옵 기프츠 두 데이 해브?

- 사우나는 있습니까?

　Is there a sauna?

　이즈 데얼 어 사우나?

● 꼭 알아야할 WORD

gift shop 선물가게
beauty salon 미용실
fitness 헬스클럽

- 미용실이 있나요?

    Is there a beauty salon here?

    이즈 데얼 어 뷰티 살롱 히얼?

- 미용실은 예약을 해야 합니까?

    Do I have to make a reservation for the beauty salon?

    두 아이 해브 투 메잌 어 레져베이션 포 더 뷰티 살롱?

- 수영장을 무료로 이용할 수 있나요?

    Do the guests swim in the pool without charge?

    두 더 게스츠 스윔 인 더 풀 위드 아웃 챠지?

- 테니스 코트에 가는 길을 좀 알려주시겠어요?

    Can you direct me to the tennis court?

    캔 유 디렉트 미 투 더 테니스 콧?

- 헬스클럽은 언제 닫는지 궁금합니다.

    I wonder when you close the fitness.

    아이 원더 웬 유 클로즈 더 피트니스

- 이 호텔에 나이트클럽이 있습니까?

    Do you have a nightclub in this hotel?

    두 유 해브 어 나이트클럽 인 디스 호텔?

- 어떤 쇼를 상영하나요?

  What kind of shows do you have in this club?

  왓 카인드 어브 쇼스 두 유 해브 인 디스 클럽?

- 청구서는 제 방으로 보내 주세요.

  Charge the bill to my room, please.

  챠쥐 더 빌 투 마이 룸, 플리즈

- 객실 열쇠 좀 보관해 주세요.

  I want to you keep my room key, please.

  아이 원 투 유 킵 마이 룸 키, 플리즈

- 열쇠 좀 주시겠습니까?

  Can you have my room key back?

  캔 유 해브 마이 룸 키 백?

호텔 내에서의 트러블

호텔 내에서 열쇠를 방에 놓고 나왔다던가 물건을 도난당했을 경우 당황하지 말고 프론트에 즉시 연락하여 도움을 청한다. 말이 통하지 않는다고 방치하지 말고 최소한의 메시지라도 프론트에 연락을 해서 문제를 해결하도록 한다.

MP3 Track 20

- 객실 호수를 잊어버렸습니다.
  I forgot my room number.
  아이 포갓 마이 룸 넘버

● 꼭 알아야할 WORD

broken
망가진, 고장난

- 제 방에 문제가 생겼습니다.
  I've got a problem in my room.
  아이브 갓 어 프로블럼 인 마이 룸

- 제가 예약한 방이 아닌 것 같습니다.
  It's not the room I booked a reservation for.
  잇츠 낫 더 룸 아이 북트 어 레져베이션 포

- 방문이 잠겼어요.
  I'm locked out of my room.
  아임 락트 아웃 옵 마이 룸

- 샤워기가 고장난 것 같습니다.
  It seems like the shower is broken.
  잇 심스 라잌 더 샤워 이즈 브로큰

- TV가 고장 났습니다.
  The TV is out of order.
  더 티브이 이즈 아웃 옵 오더

- 방을 바꾸고 싶습니다.
  I'd like to change my room.
  아이드 라잌 투 체인지 마이 룸

- 옆방이 너무 시끄럽네요.
  The next room is too noisy.
  더 넥스트 룸 이즈 투 노이지

- 너무 시끄러워서 잠을 잘 수가 없습니다.
  It's too noisy to sleep in this room.
  잇츠 투 노이지 투 슬립 인 디스 룸

- 더운 물이 나오지 않습니다.
  There's no hot water.
  데얼스 노 핫 워러

- 수도꼭지가 고장인 것 같습니다.
  I think the faucet is broken.
  아이 씽크 더 포씻 이즈 브로큰

- 방이 너무 춥습니다(덥습니다).
  It is too cold(hot).
  잇츠 투 콜드(핫)

- 방이 아직 청소 되지 않았습니다.

  My room hasn't been cleaned yet.

  마이 룸 해즌트 빈 클린드 옛

- 마스터키를 부탁드립니다.

  The master key, please.

  더 마스터 키 플리즈

- 비상 열쇠 있습니까?

  Is there a spare key?

  이즈 데어러 스페어 키?

- 열쇠를 잃어 버린것 같습니다.

  I think I've lost my key.

  아이 씽크 아이브 로스트 마이

- 에어컨(히터)이 작동하지 않습니다.

  The air conditioning(heater) doesn't work.

  디 에어 컨디셔닝(히터) 더즌트 워크

- 수리할 수 있는 사람을 좀 보내주세요.

  Please send someone to fix it.

  플리즈 샌드 섬원 투 픽스 잇

- 휴지가 없네요.

  There's no paper.

  데얼스 노 페이퍼

● 꼭 알아야할 WORD

faucet 수도꼭지
spare key 비상열쇠
lost 잃어 버리다
fix 고치다

- 변기 물이 내려가지 않습니다.

  The toilet is clogged up.

  더 토일렛 이즈 클로기드 업

- 벨보이가 조금 무례하네요.

  The bellboy was rude.

  더 벨보이 워즈 루드

- 전등이 나갔습니다.

  The light bulb in my room burnt out.

  더 라잇 벌브 인 마이 룸 번트 아웃

- 샴푸가 없습니다.

  There's no shampoo.

  데얼스 노 샴퓨

- 타월이 너무 더럽습니다.

  The towels are not clean.

  더 타월스 아 낫 클린

- 새것으로 바꿔 주시겠어요?

  Can you change this towel for a new one?

  캔 유 체인지 디스 타월 포 어 뉴 원?

● 꼭 알아야할 WORD

rude 버릇없는
bulb 전구

호텔기간 변경과 체크 아웃

체크아웃은 대개 12시까지로 되어 있다. 체크아웃을 할 때에는 객실료 외에 각종 서비스료, 시설 이용요금 등을 정산해야 한다. 미리 프런트에 연락하여 체크아웃 시간을 알리고 정산을 부탁하도록 하여 시간을 절약하는 것도 좋다. 객실을 나설 때에는 다시 한번 소지품을 확인하도록 한다.

MP3 Track 21

- 체제 기간을 이틀 연장하고 싶습니다.
  I'd like to stay two more nights, please.
  아이드 라잌 투 스테이 투 모어 나잇츠, 플리즈

- 하루 일찍 떠나고 싶습니다.
  I'd like to leave one day earlier.
  아이드 라잌 투 리브 원 데이 얼리어

  • 꼭 알아야할 WORD
  earlier 떠나다
  extra 별도 계산의

- 오후까지 방을 사용해도 되나요?
  Can I use the room until this afternoon?
  캔 아이 유즈 더 룸 언틸 디스 애프터눈?

- 정오 체크아웃 시간을 넘기면 추가 요금이 있습니다.
  We should charge you extra after the check out time.
  위 슈드 차지 유 엑스트라 애프터 더 체크 아웃 타임

- 2시간 늦게 체크아웃을 해도 됩니까?

  Can I leave the room two hour later?

  캔 아이 리브 더 룸 투 아워 레이러?

- 짐을 옮겨줄 짐꾼이 필요합니다.

  I need a porter to take my baggage.

  아이 니더 포터 투 테익 마이 베기쥐

- 방에 두고 온 것이 있습니다.

  I left something in my room.

  아이 레프트 썸씽 인 마이 룸

> ● 꼭 알아야할 WORD
>
> **porter** 운반인, 짐꾼
> **baggage** 짐, 수하물

- 짐을 5시까지 보관해 주실 수 있나요?

  Can you keep my baggage until 5 o'clock?

  캔 유 킵 마이 베기쥐 언틸 파이브 어클락?

- 호텔 금고에 귀중품을 맡기고 싶습니다.

  I'd like to put some valuables in the hotel.

  아이드 라익투 풋 섬 벨루에블스 인 더 호텔

- 체크아웃은 몇 시에 해야 합니까?

  What time should I check out?

  왓 타임 슈드 아이 첵 아웃?

- 체크아웃을 하고 싶은데요.

  Check out, please.

  첵 아웃, 플리즈

- 총 숙박료가 어떻게 됩니까?

  What's my total?

  왓츠 마이 토탈?

- 현금으로 하십니까, 카드로 하십니까?

  Cash or credit card?

  캐쉬 오어 크레딧 카드?

- 이 신용카드로 지불하고 싶습니다.

  I'd like to pay with this credit card.

  아이드 라잌 투 페이 윗 디스 크레딧 카드

- 여행자 수표를 받습니까?

  Can I use traveler's checks?

  캔 아이 유즈 트레블러스 첵스?

  ● 꼭 알아야할 WORD

  traveler's checks 여행자 수표
  bill 명세서

- 계산이 잘못 된 것 같습니다.

  I think there's a mistake here.

  아이 씽크 데얼스 어 미스테잌 히얼

- 명세서를 볼 수 있을까요?

  Can I check my bill?

  캔 아이 첵 마이 빌?

- 객실료 리스트를 좀 볼 수 있을까요?

  Can I see the list for the room charges?

  캔 아이 씨 더 리스트 포 더 룸 챠지?

- 이 금액은 뭡니까?

  What is this amount for?

  왓 이즈 디스 어마운트 포?

- 룸서비스를 사용하셨습니까?

  Did you use any room service?

  디 쥬 유즈 애니 룸 서비스?

- 네, 세탁서비스를 이용했습니다.

  Yes, I used laundry service.

  예스, 아이 유스드 런드리 서비스

- 저는 국제전화를 걸지 않았습니다.

  I didn't make any international calls.

  아이 디든트 메익 애니 인터내셔널 콜즈

- 영수증을 주시겠어요?

  Can I have a receipt?

  캔 아이 해버 리씻?

- 1시 비행기를 타려면 몇 시에 출발해야 합니까?

  What time should I leave here for the one o'clock flight?

  왓 타임 슈드 아이 리브 히얼 포 더 원 어클락 플라잇?

- 택시를 불러 주시겠어요?

  Can you call me a taxi?

  캔 유 콜 미 어 택시?

- 공항까지 리무진 버스를 이용할 수 있습니까?

  Is it possible to use a limousine bus to the airport?

  이즈잇 파서블 투 유즈 어 리무진 버스 투 디 에어포트?

- 다음 리무진 버스는 언제 떠납니까?

  When does the next limousine leave?

  웬 더즈 더 넥스트 리무진 리브?

- 서비스에 만족 하십니까?

  How did you enjoy your stay?

  하우 디 쥬 엔조이 유어 스테이?

- 잘 쉬었습니다.

  I really had a good time.

  아이 리얼리 해드어 굿 타임

- 꼭 알아야할 WORD

  amount 총액, 총계   **laundry** 세탁물

꼭 알아두어야 할 point Word

욕실 **bath** 배쓰	빈방 **vacancy** 배컨씨
예약 **reservation** 레저베이션	예약확인증 **confirmation slip** 컨퍼메이션 슬립
사인 **signature** 씨그니춰	귀중품 보관소 **safety box** 세이프티 박스
늦추다, 연기하다 **delay** 딜레이	도착 **arrival** 어라이벌
계산서 **bill** 빌	비상구 **emergency exit** 이머젼씨 엑씻
교환수 **operator** 오퍼레이터	시내전화 **local call** 로컬 콜
국제전화 **international call** 인터내이셔널 콜	통화료 **phone charge** 폰 차쥐

꼭 알아두어야 할 point word

비누 **soap** 쏘웁	타월 **towel** 타월
베개 **pillow** 필로우	열쇠 **key** 키
짐 **baggage** 배기쥐	비상열쇠 **spare key** 스페어 키
지불하다 **pay** 페이	현금 **cash** 캐쉬
여행자수표 **traveler's check** 트레블러즈 첵	영수증 **receipt** 리씻
1인실 **single room** 싱글 룸	2인실 **double room** 더블룸
특실 **suite** 스위트	미용실 **beauty salon** 뷰티 살롱

호텔에서 꼭 알아두어야 할 용어

CHECK IN
호텔 투숙의 절차. 보통 오후 10시까지 이루어지며, 예약 확인, 숙박카드의 기입, 객실료 지불, 방열쇠 받기 등 일련의 과정을 말한다.

CHECK OUT
호텔 퇴숙의 절차. 보통 오전 12시까지 이루어지며 전화요금, 식사대, 세탁 요금 등의 모든 요금을 정산한다.

DOUBLE ROOM
2인용으로 더블베드가 하나 있으며, 주로 부부간에 여행할 때 사용되는 방이다.

SINGLE ROOM
1인용으로 싱글베드가 하나 있는 방이며, 호텔에 따라서는 더블베드가 놓이기도 한다.

SUITE ROOM
침실이 별도의 방으로 되어 있으며 거실에서 업무를 볼 수 있다.

TWIN ROOM
2인용으로 싱글베드가 두 개 있는 방이다.

HOTEL VOUCHER
호텔 숙박권으로 호텔과 호텔 예약 시스템을 운영하고 있는 여행사간에 계약을 통해 고객이 호텔 체크인시 여행사가 발급한 호텔 바우쳐만으로 투숙이 가능하도록 한 것으로 현금과 동일한 성격이라 할 수 있다.

PORTER
고객이 호텔에 도착하면 짐을 객실이나 프론트로 운반해 주는 서비스맨으로 보통 짐을 운반해준 포터에게 US$ 1정도의 팁을 준다.

MORNING CALL(WAKE UP CALL)
아침에 손님이 요구한 시간에 맞춰서 전화를 통해 손님을 깨워주는 서비스이다.

AMERICAN BREAKFAST
미국식 아침식사로 유럽식 아침식사(컨티넨탈 브렉퍼스트) 메뉴외에 주스, 스크램블에그 및 베이컨 등이 추가되는 식사이다.

ROOM SERVICE
아침식사나 저녁, 간식을 주문하여 객실에서 먹는 서비스로 객실내에 비치되어 있는 주문표를 참조하여 주문하며 편리한 대신 요금이 일반가보다 비싼 경우가 많다.

SAFETY BOX
프론트 데스크에 마련되어 있는 것으로 현금이나 귀중품 등을 외출시에 맡길 수 있으며, 방 번호와 이름만 알려 주면 무료로 사용할 수 있다.

PART 06 레스토랑

꼭 알아두면 편한 알짜배기 영어회화

Can you recommend a good restaurant?
캔 유 레커멘드 어 굿 레스토랑?

좋은 식당을 추천해 주시겠습니까?

Where is it located?
웨얼 이즈 잇 로케이티드?

그 곳은 어디에 있습니까?

Can I make a reservation?
캔 아이 메잌 어 레져베이션?

예약 할 수 있나요?

I'd like to cancel my reservation.
아이드 라잌 투 켄슬 마이 레져베이션

예약을 취소하고 싶습니다.

Here or to go?
히어 오어 투 고?

여기서 드시겠어요, 아니면 포장해드릴까요?

We're still waiting for our food.
위어 스틸 웨이팅 포 아워 푸드

아직 요리가 나오지 않았습니다.

The taste is strange a little.
더 테이스 이즈 스트레인지 어 리틀

맛이 좀 이상합니다.

Please, change this.
플리즈, 체인지 디스

이것을 바꿔 주세요.

레스토랑 찾기와 예약하기

여행 중 현지의 음식이나 지역 특산물을 맛보는 것도 좋은 추억이 될 수 있다. 근사한 레스토랑을 찾으려면 관광 안내소나 호텔의 안내 데스크에 물어보면 쉽게 안내를 받을 수 있다. 여행 잡지나 인터넷에서 찾아보아도 좋다.

MP3 Track 22

- 좋은 식당을 추천해 주시겠습니까?

  Can you recommend a good restaurant?

  캔 유 레커멘드 어 굿 레스토랑?

- 이곳에 한국 레스토랑이 있나요?

  Do you have a Korean restaurant?

  두 유 해브 어 코리안 레스토랑?

- 우리 저녁 식사 같이 할까요?

  Shall we have dinner together?

  셸 위 해브 디너 투게더?

- 어디서 드시고 싶어요?

  Where do you want to eat?

  웨얼 두 유 원 투 잇?

- 해산물을 먹고 싶은데요.

  I'd like to have seafood.

  아이드 라잌 투 해브 씨푸드

- 뷔페를 찾고 있습니다.

    I'm looking for an all-you-can-eat restaurant.

    아임 룩킹 포 언 올 유 캔 잇 레스토랑

- 이 지역 특산물 요리는 무엇입니까?

    What is the speciality around here?

    왓 이즈 더 스페셜리티 어라운드 히어?

- 비싸지 않은 식당을 찾습니다.

    I want to go to an inexpensive restaurant.

    아이 원투 고 투 언 인엑스펜시브 레스토랑

- 더 싼 곳은 없습니까?

    Is there a cheaper restaurant?

    이즈 데얼어 칩퍼 레스토랑?

- 그 곳은 어디에 있습니까?

    Where is it located?

    웨얼 이즈 잇 로케이티드?

- 근처에 있습니까?

    Is it near here?

    이즈 잇 니어 히얼?

- 어떻게 갑니까?

    How do I get there?

    하우 두 아이 겟 데어?

● 꼭 알아야할 WORD

Shall we~?
~ 하시겠어요?
all-you-can-eat
뷔페
speciality 특산물

- 얼마나 걸립니까?

    How long will it take?

    하우 롱 윌 잇 테익?

- 몇 시 까지 영업합니까?

    What time does the restaurant close?

    왓 타임 더즈 더 레스토랑 클로즈?

- 예약을 해야 하나요?

    Do I need a reservation?

    두 아이 니드 어 레져베이션?

- 예약 할 수 있나요?

    Can I make a reservation?

    캔 아이 메익 어 레져베이션?

- 그 시간에는 자리가 없습니다.

    All the tables are reserved for that time.

    올 더 테이블스 알 리절브드 포 댓 타임

- 몇 분이십니까?

    How many are there in your party?

    하우 매니 아 데어 인 유어 파티?

- 5인석 예약해 주십시오.

    I'd like to make a reservation for five.

    아이드 라잌 투 메익 어 레져베이션 포 파이브

- 몇 시에 오십니까?

  What time will you come?

  왓 타임 윌 유 컴?

- 오후 6시에 4명이 갑니다.

  Four persons at 6:00 p.m.

  포 퍼슨스 앳 씩스 피엠

> ● 꼭 알아야할 WORD
>
> **cancel** 취소
> **non-smoking section** 금연석

- 성함이 어떻게 되십니까?

  May I have your name?

  메이 아이 해브 유어 네임?

- 전화번호를 말씀해 주시겠어요?

  May I have your phone number, please?

  메이 아이 해브 유어 폰 넘버, 플리즈?

- 예약을 취소하고 싶습니다.

  I'd like to cancel my reservation.

  아이드 라잌 투 켄슬 마이 레져베이션

- 예약시간을 변경할 수 있을까요?

  Can I change my reservation time?

  캔 아이 체인지 마이 레져베이션 타임?

- 금연석으로 부탁드립니다.

  I'd like to be in the non-smoking section.

  아이드 라잌 투 비 인 더 논 스모킹 섹션

- 창 측 좌석으로 할 수 있을까요?

  Can I make a reservation by the window?

  캔 아이 메잌 어 레져베이션 바이 더 윈도우?

- 죄송합니다. 좀 늦을 것 같네요.

  I'm afraid. I think I'll be late.

  아임 어프레이드 아이 씽크 아일비 레잇

- 복장의 규제가 있습니까?

  Is there a dress code?

  이즈 데얼 어 드레스 코드?

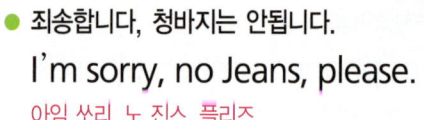

- 죄송합니다, 청바지는 안됩니다.

  I'm sorry, no Jeans, please.

  아임 쏘리, 노 진스, 플리즈

- 저녁 식사는 얼마 정도 합니까?

  How much do we need for the dinner?

  하우 머취 두 위 니드 포 더 디너?

레스토랑안에서

고급 레스토랑은 예약이 필수이다. 하루 전에 예약을 해 두는 것이 무난하다. 레스토랑에 도착하면 테이블로 안내할 때까지 입구에서 기다리다 안내원이 안내하는 자리로 간다. 만약 자리가 마음에 들지 않으면 가볍게 다른 자리를 요구하는 게 좋다.

MP3 Track 23

- 빈자리가 있습니까?
  Can I get a seat?
  캔 아이 겟 어 씻?

● 꼭 알아야할 WORD

right now
지금, 현재
wait 기다리다

- 지금은 빈자리가 없습니다.
  All the seats are taken right now.
  올 더 씻츠 알 테이큰 라잇 나우

- 예약 하셨습니까?
  Did you make a reservation?
  디 쥬 메익 어 레져베이션?

- 예약은 하지 않았습니다.
  I don't have a reservation.
  아이 돈트 해브 어 레져베이션

- 얼마나 기다려야 합니까?
  How long do we have to wait?
  하우 롱 두 위 해브 투 웨잇?

- 기다리겠습니다.
  We'll wait, then.
  위일 웨잇 덴

- 몇 분이십니까?
  How many of you?
  하우 매니 어브 유?

- 2인용 테이블 부탁합니다.
  A table for two, please.
  어 테이블 포 투, 플리즈

- 준비가 되면 불러 드리겠습니다.
  We'll call you when we're ready.
  위일 콜 유 웬 위아 레디

- 창가 쪽 자리를 부탁합니다.
  I'd like to get a table by the window.
  아이드 라잌 투 겟 어 테이블 바이 더 윈도우

- 자리가 먼저 나는 곳으로 주세요.
  I'll take whatever comes up first.
  아윌 테잌 왓에버 컴스 업 퍼스트

- 흡연석과 금연석 중 어디로 드릴까요?
  Would you like smoking or non smoking?
  우쥬 라잌 스모킹 오어 넌 스모킹?

- 금연석으로 주세요.

  Non-smoking, please.

  넌 스모킹, 플리즈

- 메뉴 좀 주세요.

  Menu, please.

  메뉴, 플리즈

- 주문하시겠어요?

  May I take your order?

  메이 아이 테잌 유어 오더?

- 한국어로 된 메뉴는 없습니까?

  Do you have a menu in Korean?

  두 유 해브 어 메뉴 인 코리언?

- 오늘 밤 특별 요리는 무엇입니까?

  What's tonight's special?

  왓츠 투나잇츠 스페셜?

- 추천 요리가 뭡니까?

  What do you recommend?

  왓 두 유 리코멘드?

- 정식은 있습니까?

  Do you have a set menu?

  두 유 해브 어 셋 메뉴?

● 꼭 알아야할 WORD

table for two
2인용 테이블
special 특별한
recommend
추천하다

- 무엇이 빨리 됩니까?
  What can you serve quickly?
  왓 캔 유 서브 퀵클리?

- 다른 주문은 없습니까?
  Anything, else?
  애니씽 엘스?

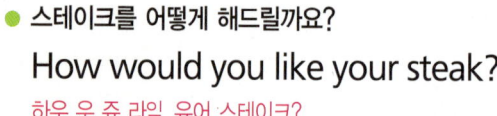

- 그게 전부입니다.
  No, that's all.
  노우, 댓츠 올

- 스테이크로 하겠습니다.
  I'll take the steak
  아윌 테잌 더 스테이크

- 스테이크를 어떻게 해드릴까요?
  How would you like your steak?
  하우 우 쥬 라잌 유어 스테이크?

- 완전히 익혀서 부탁합니다.
  Well-done, please.
  웰 던 플리즈

- 중간정도로 구워주세요.
  Medium, please.
  미디움 플리즈

- 덜 익혀 주세요.
  # Medium-rare, please.
  미디움-레어, 플리즈

- 이건 맛이 어떤가요?
  # What is it like?
  왓 이즈 잇 라익?

- 이건 어떻게 먹으면 됩니까?
  # How do I eat this?
  하우 두 아이 잇 디스?

- 이것의 재료는 뭔가요?
  # What are the ingredients of it?
  왓 알 더 인그레디엔츠 업 잇?

● 꼭 알아야할 WORD

quickly 빠른
Medium 중간
eat 먹다
ingredient 재료

- 와인 메뉴 좀 볼 수 있을까요?
  # May I have the wine list?
  메이 아이 해브더 와인 리스트?

- 음료 먼저 하겠습니다.
  # We'd like to order drinks first.
  위드 라익 투 오더 드링스 퍼스트

- 주문을 취소해도 됩니까?
  # Can I cancel the order? please.
  캔 아이 캔슬 디 오더, 플리즈

157

- 주문을 바꿔도 되겠습니까?

  Can you please change my order?

  캔 유 플리즈 체인지 마이 오더?

- 죄송합니다. 스푼을 떨어뜨렸습니다.

  Excuse me, I dropped my spoon.

  익스큐즈 미, 아이 드롭트 마이 스푼

- 메뉴 좀 다시 볼 수 있을까요?

  Can I see the menu again?

  캔 아이 씨 더 메뉴 어게인?

- 메뉴 결정하셨나요?

  Have you decided?

  해브 유 디싸이디드?

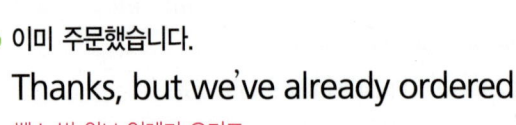

- 아니요 아직 정하지 못했습니다.

  No, I haven't decided yet.

  노우, 아이 해븐트 디싸이디드 옛

- 조금만 더 기다려 주세요.

  We need a little more time.

  위 니드 어 리틀 모어 타임

- 이미 주문했습니다.

  Thanks, but we've already ordered.

  쌩스 벗 위브 얼레디 오더드

- 이것과 이걸로 하겠습니다.
  I'll take this and that.
  아윌 테익 디스 앤 댓

- 같은 걸로 할게요.
  The same for me, please.
  더 세임 포 미, 플리즈

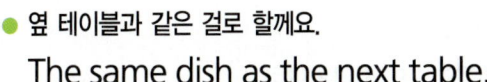

- 옆 테이블과 같은 걸로 할께요.
  The same dish as the next table.
  더 세임 디쉬 애즈 더 넥스트 테이블

● 꼭 알아야할 WORD

> **decided** 결정하다
> **little more time** 조금더
> **same** 같다

- 마실 것은 무엇으로 하시겠어요?
  What would you like to drink?
  왓 우 쥬 라잌 투 드링크?

- 식사 전에 술 한 잔 하고 싶은데요.
  I want to have a drink before my meal.
  아이 원 투 해브 어 드링크 비포 마이 밀

- 지방 특산 와인으로 하겠습니다.
  I'd like to try a local wine.
  아이드 라잌 투 트라이 어 로컬 와인

- 빵을 좀 더 주시겠어요?
  Could I have more bread?
  쿠드 아이 해브 모어 브레드?

- 드레싱은 어떤 게 있나요?

 What kind of dressing do you have?

 왓 카인덥 드레싱 두 유 해브?

- 디저트는 무엇으로 하시겠어요?

 What would you like for dessert?

 왓 우 쥬 라잌 포 디절트?

- 커피 한잔 주세요.

 A cup of coffee, please.

 어 컵 업 커피 플리즈

- 디저트를 주십시오.

 Can I have a dessert, please.

 캔 아이 해버 디절트, 플리즈

- 입맛에 맞으세요?

 Do you like the dish?

 두 유 라잌 더 디쉬?

- 맛있네요.

 It's delicious.

 잇츠 딜리셔스

- 이 음식은 너무 매워요.

 This food is spicy.

 디스 푸드 이즈 스파이시

- 군침이 도는군요.
  ## My mouth is watering.
  마이 마우쓰 이즈 워터링

- 이 냄새 못 참겠는데요.
  ## I can't stand that smell.
  아이 캔트 스탠 댓 스멜

> ● 꼭 알아야할 WORD
>
> **dessert** 후식
> **spicy** 매운
> **oily** 느끼한
> **picky** 까다로운

- 생각보다 맛있네요.
  ## It's better than I expected.
  잇츠 베럴 댄 아이 엑스펙티드

- 이건 제 입맛에 안맞네요.
  ## This food doesn't suit my taste.
  디스 푸드 더즌트 숫 마이 테이스트

- 느끼하네요.
  ## It's oily.
  잇츠 오일리

- 저는 기름기 있는 음식은 안 좋아해요.
  ## I don't like oily food.
  아이 돈트 라잌 오일리 푸드

- 전 식성이 매우 까다로워요.
  ## I'm a picky eater.
  아임 어 피키 이더

- 분위기가 좋아요.
  I like the atmosphere here.
  아이 라잌 디 엣머스피어 히어

- 전 음식을 별로 가리지 않습니다.
  I'm not fussy about food.
  아임 낫 풔씨 어바웃 푸드

● 꼭 알아야할 WORD

atmosphere 분위기
fussy 까다로운

레스토랑에서의 트러블

MP3 Track 24

- 시간이 많이 걸립니까?
  Will I take much longer?
  윌 아이 테익 머취 롱거?

- 조금 서둘러 주세요.
  Would you rush my order?
  우 쥬 러쉬 마이 오더?

- 아직 요리가 나오지 않았습니다.
  We're still waiting for our food.
  위어 스틸 웨이팅 포 아워 푸드

● 꼭 알아야할 WORD

strange
이상한

- 이건 제가 주문한 것이 아닌데요.
  This is not my order.
  디스 이즈 낫 마이 오더

- 저는 야채샐러드를 주문했는데요.
  There's a mistake. I ordered green salad.
  데얼즈 어 미스테익. 아이 오덜드 그린 샐러드

- 맛이 좀 이상합니다.
  The taste is strange a little .
  더 테이스 이즈 스트레인지 어 리틀

- 컵 좀 바꿔 주시겠어요?

  May I have another cup, please.

  메이 아이 해브 언아더 컵, 플리즈

- 이것을 바꿔 주세요.

  Please, change this.

  플리즈, 체인지 디스

- 주문을 다시 한 번 확인해 주시겠어요?

  Can you check the order, please.

  캔 유 첵 디 오더, 플리즈

- 죄송하지만, 이건 먹을 수가 없네요.

  I'm sorry, I can't have this.

  아임 소리, 아이 캔트 해브 디스

● 꼭 알아야할 WORD

warm up
데우다

- 스테이크를 다시 데워 주세요.

  Could you warm up this steak again?

  쿠 쥬 웜 업 디스 스테이크 어겐?

패스트푸드 점에서

패스트푸드 레스토랑은 일반 레스토랑보다 저렴하고 빠른 시간에 식사를 해결할 수 있기 때문에 배낭 여행객이 사용하기에 편리하다. 대부분 사진과 가격이 함께 있으므로 주문하기도 쉽게 되어 있다.

MP3 Track 25

- 근처에 패스트 푸드점이 있습니까?

  Is there a fast food restaurant around here?

  이즈 데얼어 페스트 푸드 레스트런츠 어라운드 히어?

- 주문은 어디서 합니까?

  Where can I order?

  웨얼 캔 아이 오더?

- 주문하시겠어요?

  Are you ready to order?

  알 유 레뒤 투 오더?

- 햄버거 2개와 중간 사이즈 콜라 2개 주세요.

  Two hamburgers and two medium cokes, please.

  투 햄버거스 앤 투 미디움 콕스, 플리즈

- 여기서 드시겠어요, 아니면 포장해드릴까요?

  Here or to go?

  히어 오어 투 고?

- 여기서 먹겠습니다.

    For here, please.

    포 히어, 플리즈

- 가지고 가겠습니다.

    To go, please.

    투 고, 플리즈

- 어떤 음료로 하시겠어요?

    What kind of drink would you like?

    왓 카인드옵 드링크 우 쥬 라잌?

- 어떤 것이 있습니까?

    What do you have?

    왓 두 유 해브?

- 오렌지 주스로 주세요.

    Orange juice, please.

    오렌지 주스, 플리즈

카페에서 마실 때

카페는 간단한 식사와 함께 다양한 차나 커피, 주류를 함께 주문을 할 수 있다.
대부분의 경우 서서 먹거나 앉아서 먹는 경우 요금의 차이가 조금 있다.

MP3 Track 26

- 무엇을 마시겠습니까?
  What do you want to drink?
  왓 두 유 원 투 드링크?

- 무엇이 있습니까?
  What do you have?
  왓 두 유 해브?

- 물 먼저 주세요.
  Water first.
  워러 퍼스트

- 술 있습니까?
  Do you have alcohol?
  두 유 해브 알콜?

- 맥주 주세요.
  I'll have a beer.
  아윌 해브 어 비어

- 이 맥주는 시원하지가 않네요.
  I'm afraid this beer is not cold.
  아임 어프레이드 디스 비어 이즈 낫 콜드

- 스카치 한 잔 주세요.
  Scotch, please.
  스카치, 플리즈

- 물을 좀 많이 넣어 주세요.
  Put a little more water in my glass, please.
  풋 어 리틀 모어 워러 인 마이 글래스, 플리즈

- 같은 걸로 주세요.
  Same thing, please.
  세임 씽 플리즈

● 꼭 알아야할 WORD

I'm afraid 유감스럽지만
snacks 간식, 스낵

- 한 잔 더 주세요.
  I'll have another one, please.
  아윌 해브 언아더 원, 플리즈

- 안주는 어떤 것이 있나요?
  Do you have any **snacks**?
  두 유 해브 애니 스낵스?

- 치즈 좀 주세요.
  Can I have some cheese?
  캔 아이 해브 섬 취즈?

나이트 클럽에서

미국의 나이트클럽은 대개 18세부터 입장이 가능하다. 곳에 따라서는 21세부터 가능한 곳도 있다. 우리나라처럼 룸이나 테이블에 앉아서 술을 마시는 것이 아니라 술은 바에서 마시고 홀에서 춤을 추는 곳이 대부분이다.

MP3 Track 27

- 혼자 오셨습니까?
  ### Are you alone?
  아 유 얼론?

- 제가 한잔 살까요?
  ### Can I buy you a drink?
  캔 아이 바이 유어 드링?

- 춤 추시겠어요?
  ### Shall we dance?
  쉘 위 댄스?

- 인기있는 나이트클럽은 어디인가요?
  ### Where is a popular club?
  웨얼 이즈 어 파퓰러 클럽?

● 꼭 알아야할 WORD

shall we ~와 같이
club 나이트

- 근처에 나이트클럽이 있습니까?
  ### Are there any club around here?
  알 데어 애니 클럽 어롸운 히어?

- 나이트클럽에 가고 싶습니다.

  I'd like to go to a club.

  아이드 라잌 투 코 투 어 클럽

- 오늘 밤엔 무슨 쇼를 합니까?

  What kind of show is on tonight?

  왓 카인덥 쇼 이즈 온 투나잇?

- 쇼는 몇 시에 시작 합니까?

  What time does the show start?

  왓 타임 더즈 더 쇼 스타트?

- 곧 시작합니다.

  It's gonna start soon.

  잇츠 고나 스타트 순

- 음료수 값은 별도 입니까?

  Do you charge for drinks?

  두 유 챠쥐 포 드링스?

- 서비스료는 포함되어 있나요?

  Is the service charge included?

  이즈 더 써비스 챠쥐 인클루디드

- 음악이 좋네요!

  Nice music!

  나이스 뮤직!

● 꼭 알아야할 WORD

tonight 오늘밤
music 음악

- 라이브 연주도 있습니까?

  Do you have live performances?

  두 유 해브 라이브 퍼포먼시스?

- 봉사료는 얼마입니까?

  What's the cover charge?

  왓츠 더 커버 차쥐?

- 계산서를 부탁합니다.

  Check, please.

  첵, 플리즈

- 따로따로 지불하고 싶은데요.

  Separate checks, please.

  세퍼레잇 첵스, 플리즈

- 남은 요리를 포장할 수 있나요?

  Do you have a doggy bag?

  두 유 해브 어 더기 백?

- 청구서가 잘못된 것 같습니다.

  I think there's a mistake in the bill.

  아이 씽크 데얼스어 미스테잌 인 더 빌

- 거스름돈이 맞지 않습니다.

  I got the wrong change.

  아이 갓 더 뤙 체인쥐

● 꼭 알아야할 WORD

performance 연주, 공연
cover charge 봉사료
separate 분리하다
doggy bag (식당에서) 남은 음식을 싸가는 봉지

- 이건 무슨 비용이죠?

  What's this for?

  왓츠 디스 포?

- 팁이 포함된 가격인가요?

  Is the tip included?

  이즈 더 팁 인클루디드?

- 팁은 제가 낼게요.

  I'll pay the tip.

  아윌 페이더 팁

- 각자 냅시다.

  Let's go dutch.

  렛츠 고 더취

- 여기에 사인 해주시겠어요?

  Could you sign here?

  쿠 쥬 싸인 히어?

● 꼭 알아야할 WORD

dutch 비용을 각자 계산하다
next time 다음시간

- 고마워요. 다음엔 제가 살게요.

  Thanks. It's my turn next time.

  땡쓰. 잇츠 마이 턴 넥스트 타임

- 영수증을 주시겠어요?

  Can I have a receipt, please?

  캔 아이 해브어 리씻, 플리즈?

- 거스름돈은 가지세요.

  Keep the change.

  킵 더 체인지

- 그런 의미에서 한잔 더 합시다.

  Let's drink to that.

  렛츠 드링크 투 댓

- 아니요, 너무 많이 마셨습니다.

  No, thanks. I'm too drunk.

  노, 땡스. 아임 투 드렁크

- 한 잔 더해도 탈은 없을 겁니다.

  Another glass won't hurt you.

  어너더 글래스 윙트 헛츄

꼭 알아두어야 할 point word

| 가까운 **near** 니어 | 먼 **far** 파 |

| 이탈리아 요리집 **Italian restaurant** 이탤리언 레스터런 | 지방특색 음식 **local food** 로컬 푸드 |

| 장소 **location** 로케이션 | 일행 **party** 파티 |

| 해산물 **seafood** 씨푸드 | 고기 **meat** 밋 |

| 생선 **fish** 피쉬 | 오늘 특별요리 **today's special** 투데이즈 스페셜 |

| 정식 **set menu** 셋 메뉴 | 전채(前菜) **appetizer** 애피타이져 |

| 주문하다 **order** 오더 | 잘못 **mistake** 미스테잌 |

꼭 알아두어야 할 point Word

불평 **complain** 컴플레인	단 **sweet** 스윗
신 **sour** 사우어	싱거운 **bland** 브랜드
순한 **mild** 마일드	아침식사 메뉴 **breakfast menu** 블랙퍼슷 메뉴
청구서 **check, bill** 첵, 빌	봉사료 **service charge** 써비스 차쥐
지불하다 **pay** 페이	합계금액 **sum** 썸
계산 **calculation** 캘큐레이션	정확한, 맞은 **correct** 커렉트
후식 **dessert** 디져트	맛있는 **delicious** 딜리셔스

175

레스토랑 선정 Tip

Michelin Guide(미슐랭 가이드)는 레스토랑, 호텔 등 방대한 양의 정보를 100년의 전통을 가진 엄격함과 정보의 신뢰도를 바탕으로 하고 있다. 별 하나는 탁월한 맛을 자랑하며 1인당 약 100유로 정도이다. 별 두 개는 먼 거리여도 찾아가서 먹을 만한 곳으로 1인당 약 300유로 정도이다. 별 세 개는 레스토랑 방문을 위해 여행할 가치가 있는 곳으로 1인당 약 300유로 정도이다. 이 밖에 TripAdvisor(트립어드바이저)는 여러 나라 사람들의 이용 리뷰를 볼 수 있는데 장점은 한국 홈페이지가 개설되어 있을 뿐만 아니라 완벽하진 않지만 구글 번역기가 지원된다.

예약하기

유럽의 유명한 레스토랑 또는 Top 수준의 레스토랑은 2~3개월 전에 예약해야하는 경우도 있다. 출발 전에 전화 또는 인터넷으로 예약을 하는 것도 좋은 방법인데 일반적인 레스토랑의 경우 일주일 전에 예약하면 된다. 예약할 때는 날짜와 시간, 참석자 수를 알려주며 하루 전날 예약을 재확인 한다.

도착 및 착석

예약사항과 이름을 확인하고 자리가 안내될 때까지 기다린다. 안내된 자리가 마음에 들지 않을 경우 바로 다른 좌석이 있는지 물어본다. 연장자라도 여성이 모두 앉은 후에 자리에 앉는 것이 예의다. 드레스코드는 캐주얼한 정장 차림 정도면 된다.

식사 에티켓
- 해외여행 시 레스토랑에서 시끄러운 사람들은 중국인이거나 한국 사람이다. 서양에서는 개인의 개성을 존중하지만 식사예절은 엄격한 편이므로 아이들이 식당을 돌아다니거나 큰소리로 떠드는 행위 등은 다른 사람들에게 방해가 되므로 특히 주의한다.
- 물, 와인, 나이프는 오른쪽에 빵과 포크는 왼쪽이라는 정도만 알아도 충분하고 여러 포크와 나이프는 바깥쪽부터 사용하면 된다.
- 뷔페의 경우 접시에 여러 종류의 음식을 담는 것은 유럽인들의 눈에 거북하게 보일 수 있으므로 너무 많은 종류를 담는 것은 삼간다.

커피 주문하기
컵사이즈 : Tall(354ml), Grande(473ml), Venti(591ml), Trenta(916ml-얼음 이용 시)
옵션 : Decaf(카페인 제거), Do whip(크림제거), Low fat(저지방 우유), Skim milk or Nonfat milk(무지방 우유), Extra shot(에스프레소 한 잔을 추가하여 커피 맛 보충), add whipping cream(크림추가), syrup pump(시럽 추가)

계산
현금으로 계산 시에는 테이블에 팁을 올리고 카드 계산 시에는 별도로 팁란에 적으면 된다. 노천카페의 경우 앉은 자리 주인이 다를 수 있으니 앉은 자리에서 계산한다.

PART 07 쇼핑

꼭 알아두면 편한 알짜배기 영어회화

Is there a duty free shop?
이즈 데얼 어 듀리 프리 샵?

면세점이 있나요?

Where can I see the gift shop?
웨얼 캔 아이 씨 더 기프트 샵?

선물을 어디서 살 수 있나요?

Would you show me that one?
우 쥬 쇼 미 댓 원?

저것 좀 보여 주시겠어요?

Are you having a sale now?
알 유 해빙 어 세일 나우?

지금 세일중인가요?

Can I try it on?
캔 아이 트라이 잇 온?

이걸 입어 봐도 됩니까?

In different colors?
인 디퍼런트 컬러즈?

다른 색상은 있습니까?

What is the total?
왓 이즈 더 토탈?

전부 얼마입니까?

Let me have a receipt, please.
렛 미 해브 어 리씻 플리즈

영수증 좀 주세요.

매장을 찾을 때

쇼핑을 즐기려면 백화점이나 면세점 외에 유명한 쇼핑몰이나 유명한 시장의 정보를 미리 알아두는 것이 좋다. 더욱이 유럽이나 미국의 상점들은 오후 6시 이후에는 폐점을 하는 곳이 많아 미리 알아두면 좋다.

MP3 Track 28

- 선물을 어디서 살 수 있나요

  Where can I see the gift shop?

  웨얼 캔 아이 씨 더 기프트 샵?

- 이 근처에 대형 백화점이 있나요?

  Where is a big department store near here?

  웨얼 이즈 어 빅 디파트먼트 스토어 니어 히어?

- 면세점이 있나요?

  Is there a duty free shop?

  이즈 데어러 듀리 프리 샵?

- 매장 안내소는 어디입니까?

  Where is the information booth?

  웨얼 이즈 디 인포메이션 부쓰?

- 가장 가까운 쇼핑몰은 어디 있습니까?

  Where is the closest shopping mall from here?

  웨얼 이즈 더 클로지스트 샤핑 멀 프럼 히어?

- 할인점을 찾고 있습니다.
  I'm looking for a discount shop.
  아임 룩킹 포 어 디스카운트 샵

- 여기서 먼가요?
  Is it far from here?
  이즈 잇 파 프럼 히어?

- 몇 시에 여나요?
  What time does the shop open?
  왓 타임 더즈 더 샵 오픈?

- 몇 시에 닫나요?
  What time does the shop close?
  왓 타임 더즈 더 샵 클로즈?

- 주말에도 엽니까?
  Are you open on weekends?
  알 유 오픈 언 위켄즈?

- 식당은 몇 층에 있나요?
  Which floor has foods?
  위치 플로어 해즈 푸즈?

- 3층에 있습니다.
  The third floor.
  더 써드 플로어

● 꼭 알아야할 WORD

gift shop 선물가게
discount shop 할인점
weekend 주말

- 화장품 파는 곳이 있나요?

  Is there a cosmetic store?

  이즈 데어러 코스메틱 스토어?

- 전자제품을 찾고 있습니다.

  I'm looking for electronic goods.

  아임 룩킹 포 엘렉트로닉 구즈

- 가까운 편의점은 어디에 있나요?

  Where is the nearest convenience store.

  웨얼 이즈 더 니얼리스트 컨비니언스 스토어

- 다른 것을 좀 보여 주세요.

  Show me another one, please.

  쇼 미 언아더 원, 플리즈

- 이것은 어떠신가요?

  How about this one?

  하우 어바웃 디스 원?

- 어떤 종류의 브랜드가 있나요?

  What kind of brand do you have?

  왓 카인드 업 브랜드 두 유 해브?

- 좀 도와주세요.

  Can you help me?

  캔 유 헬 미?

- 벼룩시장은 어디에 있습니까?

    Is there a flea market?

    이즈 데얼 어 플리 마켓?

- 지금 세일중인가요?

    Are you having a sale now?

    알 유 해빙 어 세일 나우?

- 네, 세일중입니다.

    Yes, we are.

    예쓰, 위 아

- 세일은 언제까지 합니까?

    When does the sale end?

    웬 더즈 더 세일 엔드?

- 세일은 오늘까지 입니다.

    The sale ends today.

    더 세일 엔즈 투데이

- 찾으시는 것 있으세요?

    Is there anything you want to see?

    이즈 데얼 애니씽 유 원투 씨?

- 그냥 둘러보고 있습니다.

    Just looking.

    저스트 룩킹

● 꼭 알아야할 WORD

electronic 전자
convenience store 편의점
flea market 벼룩시장

- 할인은 얼마나 되나요?

　How much discount do I get?
　하우 머취 디스카운트 두 아이 겟?

- 20% 할인중입니다.

　Every item is 20% off.
　에브리 아이템 이즈 투웬티 퍼센트 어프

- 쿠폰을 써도 됩니까?

　Can I use coupons?
　캔 아이 유즈 쿠폰스?

- 네 맘껏 쓰세요.

　Yes, you're welcome to use coupons.
　예쓰, 유얼 웰컴 투 유스 쿠폰스

- 서점은 몇 층인가요?

　On which floor is the bookstore?
　온 위치 플로어 이즈 더 북 스토얼?

- 엘리베이터 타고 5층으로 올라가세요.

　Take the elevator to the 5th floor.
　테익 디 엘리베이러 투 더 피프쓰 플로어

● 꼭 알아야할 WORD

item 품목
bookstore 서점

옷을 살 때

상점에 들어서 점원이 인사를 하면 간단히 'Fine, thanks.' 하고 인사를 건네는 것이 예의다. 함부로 상품에 손을 대는 것은 주의한다. 물건을 집으면 그들은 구입할 것으로 생각한다. 구경만 할 의도였다면 'I'm just looking.' 이라고 하면 된다.

MP3 Track 29

- 어서 오세요.
  Can I help you?
  캔 아이 헬프 유?

- 찾으시는 물건 있으십니까?
  What can I do for you?
  왓 캔 아이 두 포 유?

- 그냥 둘러볼게요.
  Just looking.
  저스트 룩킹

- 저것 좀 보여 주시겠어요?
  Would you show me that one?
  우 쥬 쇼 미 댓 원?

- 블라우스를 찾고 있습니다.
  I'm looking for a blouse.
  아임 루킹 포 어 블라우스

- 40달러 정도의 청바지를 찾고 있습니다.

  I'm looking for jeans which cost around forty dollars.

  아임 룩킹 포 진스 위치 코스트 어라운드 포티 달러즈

- 재킷 있습니까?

  Do you have a jacket?

  두 유 해브 어 재킷?

- 이걸 입어 봐도 됩니까?

  Can I try it on?

  캔 아이 트라이 잇 온?

- 저쪽의 저것 좀 보여주시겠어요?

  May I see the one there, please?

  메이 아이 씨 디 원 데어, 플리즈?

- 전시되어 있는 조끼를 좀 보여 주세요.

  Can you show me the vest in the display window?

  캔 유 쇼 미 더 베스트 인 더 디스플레이 윈도우?

- 탈의실은 어디입니까?

  Where's the fitting room?

  웨얼스 더 피팅 룸?

- 드레스 좀 골라 주시겠어요?

    Can you please choose a dress?

    캔 유 플리즈 츄즈 어 드레스?

- 가장 인기있는 상품을 추천해 주세요.

    Please, recommend the hottest item these days?

    플리즈, 리코멘드 더 핫티스트 아이템 디즈데이즈?

- 소재는 무엇입니까?

    What is this made of?

    왓 이즈 디스 메이드 업?

- 면 100입니다.

    One hundred percent cotton.

    원 헌드레드 퍼센트 코튼

- 수제품 입니까?

    Is this hand-made?

    이즈 디스 핸드 메이드?

- 다른 사이즈는 없습니까?

    Are there any other sizes?

    아 데어 애니 아더 사이지스?

● 꼭 알아야할 WORD

try on 입다
vest 조끼
display 진열하다
fitting room 탈의실
cotton 면
hand-made 수제품

- 제 치수 좀 재주시겠어요?
  Would you measure me?
  우 쥬 메졀 미?

- 좀 더 작은 것(큰 것)을 부탁합니다.
  A smaller (larger) one, please.
  어 스몰러(라져) 원 플리즈

- 너무 꽉 끼네요.
  It's too tight for me.
  잇츠 투 타잇 포 미

- 헐렁하네요.
  I think this is loose.
  아이 씽크 디스 이즈 루즈

- 이것으로 제게 맞는 사이즈 있나요?
  Do you have this one in my size?
  두 유 해브 디스 원 인 마이 사이즈?

- 다른 색상은 있습니까?
  In different colors?
  인 디퍼런트 컬러즈?

- 다양한 색상이 있습니다.
  We have many colors.
  위 해브 매니 컬러즈

- 잠시만 기다려 주세요. 찾아 보겠습니다.

  Just a moment, please. I'll check.

  져스트 어 모먼트 플리즈, 아윌 첵

- 어떻습니까?

  How do I look?

  하우 두 아이 룩?

● 꼭 알아야할 WORD

| measure 치수 |
| different 다른 |
| colorful 화려하다 |

- 어느 것이 더 좋아 보입니까?

  Which one looks better?

  위치 원 룩스 베럴?

- 이게 손님에게 더 잘 어울립니다.

  I think this one looks better on you.

  아이 씽크 디스 원 룩스 베럴 온 유

- 이건 어떠세요?

  What about this one?

  왓 어바웃 디스 원?

- 나에겐 너무 화려하네요.

  It's too colorful for me.

  잇츠 투 컬러풀 포 미

- 제가 원하는 스타일이 아니네요.

  This is not my style.

  디스 이즈 낫 마이 스타일

- 마음에 드는 것이 없네요.

  I don't like anything.

  아이 돈트 라잌 애니씽

- 좀 더 싼 물건은 없습니까?

  I'd like something a little less expensive.

  아이드 라잌 썸씽 어 리틀 레스 익스펜시브

- 이 블라우스로 할게요.

  I'll take this blouse.

  아월 테잌 디스 블라우스

- 거울 좀 볼 수 있을까요?

  Can I check in the mirror?

  캔 아이 첵 인 더 미러?

- 세탁기로 빨아도 됩니까?

  Can this be machine-washed?

  캔 디스 비 머신-워시드?

- 드라이크리닝만 해 주세요.

  Dry cleaning only.

  드라이 클리닝 온리

- 다른 옷을 입어 봐도 됩니까?

  Can I try other clothes?

  캔 아이 트라이 아덜 클로즈?

- 이건 얼마입니까?

    How much is this?

    하우 머취 이즈 디스?

- 꼭 알아야할 WORD

    alter 수선하다
    free 무료

- 수선됩니까?

    Can you alter this?

    캔 유 올터 디스?

- 길이 좀 줄여 주시겠어요?

    Can you make this shorter?

    캔 유 메익 디스 쇼터?

- 얼마나 걸립니까?

    How long does it take?

    하우 롱 더즈 잇 테잌?

- 무료입니까?

    Is it free?

    이즈 잇 프리?

화장품 및 다른 물건을 살 때

고가의 명품이나 귀금속을 구입할 경우에는 면세점이나 백화점 등 신용할 수 있는 상점에서 구입하도록 한다. 신용할 수 없는 상점은 모조품인지도 알 수가 없다. 특히 보석류는 주의하도록 한다.

MP3 Track 30

- 화장품 매장이 어디죠?

    Where's the cosmetic store?

    웨얼스 더 코스메틱 스토어?

- 가장 잘나가는 립스틱을 보여주세요.

    I'm looking for the most popular lipstick.

    아임 룩킹 포 더 모스트 파퓨럴 립스틱

- 시험해 봐도 됩니까?

    May I try it?

    메이 아이 트라이 잇?

- 어떤 색이 유행입니까?

    Which color is now in fashion?

    위치 컬러 이즈 나우 인 패션?

- 색은 이것이 전부 입니까?

    Are these all the colors?

    알 디즈 올 더 컬러즈?

- 더 밝은 색으로 보여주세요.
  Show me a brighter color, please.
  쇼 미어 브라이러 컬러, 플리즈

- 파운데이션 좀 보여주세요.
  Show me the foundation.
  쇼 미 더 퐈운데이션

- 인기 있는 향수 좀 보여주세요.
  I'd like to see the most popular perfume.
  아이드 라잌 투 씨 더 모스트 파퓨러 퍼퓸

- 다른 것은 없나요?
  What else do you have?
  왓 엘스 두 유 해브?

- 다른것을 보여주세요.
  Could you show me another one, please.
  쿠 쥬 쇼 미 언아더 원, 플리즈

- 이것은 무슨 브랜드 인가요?
  What brand is this?
  왓 브랜드 이즈 디스?

● 꼭 알아야할 WORD

cosmetic 화장품의
lipstick 립스틱
fashion 유행의
perfume 향수

- 이걸로 주세요.
  I'd like to buy this.
  아이드 라잌 투 바이 디스

- 이것과 같은 걸로 주세요.
  I'll take the same as this.
  아윌 테잌 더 세임 에즈 디스

- 보석 매장은 어디죠?
  Where's the jewelry department?
  웨얼즈 더 쥬얼리 디파트먼?

- 여자 친구에게 선물할 귀걸이를 찾고 있는데요.
  I'm looking for earrings for my girl friend.
  아임 룩킹 포 이어링스 포 마이 걸프렌드

- 이 팔찌를 보여 주세요.
  Show me this bracelet.
  쇼 미 디스 블레이스릿

- 오른쪽에서 세 번째 것을 보여 주세요.
  Third one from the right, please.
  써드 원 프럼 더 롸잇, 플리즈

- 보증서는 있나요?
  Is this with a guarantee?
  이즈 디스 위더 개런티?

- 끼어 볼 수 있나요?
  Can I try it on?
  캔 아이 트라이 잇 온?

- 포장해 주세요.

  Wrap it as a gift, please.

  랩 잇 애즈 어 기프트, 플리즈

- 심플한 디자인은 없습니까?

  Do you have anything with a simple design?

  두 유 해브 애니씽 위더 심플 디자인?

- 카메라를 찾고 있습니다.

  I'm looking for a camera.

  아임 룩킹 포러 카메롸

- 디지털시계 있습니까?

  Do you have digital watches?

  두 유 해브 디지털 와취스?

- 시간 좀 맞춰 주시겠어요?

  Please, set the time of the watch.

  플리즈, 셋 더 타임 어브 더 왓취

- 어떤 기능이 있나요?

  What kind of function does it have?

  왓 카인덥 펑션 더즈 잇 해브?

- 방수는 되나요?

  Is it water-proof?

  이즈 잇 워러 프루프?

● 꼭 알아야할 WORD

earrings 귀걸이
bracelet 팔찌
guarantee 보증서
function 기능
water-proof 방수

- 어디서 만든 것입니까?

 Where is this made?

 웨얼 이즈 디스 메이드?

- 이 구두 신어 봐도 됩니까?

 Can I try on these shoes?

 캔 아이 트라이 온 디즈 슈즈?

- 어떤 종류의 구두를 찾으세요?

 What kind of shoes are you looking for?

 왓 카인더브 슈즈 알 유 룩킹 포?

- 정장 구두를 찾습니다.

 Dress shoes.

 드레스 슈즈

- 운동화를 찾습니다.

 Sneakers.

 스니커즈

- 사이즈가 어떻게 되시나요?

 What size do you wear?

 왓 사이즈 두 유 웨어?

- 8사이즈 신어요.

 I wear a size 8.

 아이 웨어러 사이즈 에잇

- 굽이 너무 낮은데요.

  I think the heels are too low.

  아이 씽크 더 힐스 알 투 로우

- 이 신발은 저한테 너무 크네요.

  These shoes are too big for me.

  디즈 슈즈 알 투 빅 포미

- 잘 맞는 것 같습니다.

  Seems fine.

  씸스 파인

- 숄더백을 보고 싶은데요.

  I'd like to buy a shoulder bag.

  아이드 라잌 투 바이 어 숄더 백

- 진짜 가죽인가요?

  Is this real leather?

  이즈 디스 리얼 레더?

- 만져봐도 됩니까?

  May I touch this?

  메이 아이 터치 디스?

- 다른 디자인은 있습니까?

  Do you have any other designs?

  두 유 해브 애니 아더 디자인스?

● 꼭 알아야할 WORD

wear 신다
low 낮은
leather 가죽

- 세일품은 있습니까?

    Do you have anything on sale?

    두 유 해브 애니씽 온 세일?

- 고르는 것 좀 도와주시겠어요?

    Could you help me to make a selection?

    쿠 쥬 헬 미 투 메익커 셀렉션?

- 아내에게 줄 선물로 무엇이 좋을까요?

    What gift would you recommend for my wife?

    왓 기프트 우 쥬 레커멘드 포 마이 와입?

- 일회용 카메라 있습니까?

    Do you have disposable camera?

    두 유 해브 디스포져블 카메러?

- 이 근처에 스포츠 용품점은 있습니까?

    Is there a sporting goods shop?

    이즈 데어러 스포팅 굿즈 샵?

- 이걸로 주세요.

    This one, please.

    디스 원, 플리즈

- 두통약 있나요?

  Do you have some medicine for a headache?

  두 유 해브 썸 메더선 포러 해드에익?

- 몇 알 씩 복용해야 하나요?

  How many pills should I take?

  하우 매니 필스 슈드 아이 테익?

- 감기약을 사고 싶습니다.

  I'd like to buy cold medicine.

  아이드 라잌 투 바이 콜드 메디슨

- 이 처방전으로 약을 조제해 주세요.

  Please get this prescription filled.

  플리즈 겟 디스 프리스크립션 필드

- 하루에 몇 번 복용해야 합니까?

  How many times a day?

  하우 매니 타임즈 어 데이?

- 항공우편 봉투 있나요?

  Do you have airmail envelopes?

  두 유 햅 에어메일 엔벨롭스?

● 꼭 알아야할 WORD

on sale 세일 중
disposable camera 일회용 카메라
prescription 처방전
airmail envelopes 항공우편

- 펜을 보여주세요.

  Can I show some pens?

  캔 아이 쇼 썸 펜즈?

- 생일카드를 사고 싶은데요.

  Do you have some birthday cards?

  두 유 햅 썸 벌쓰데이 칼즈?

- 최근 베스트셀러를 찾는데요.

  I'm looking for some recent best-sellers.

  아임 룩킹 포 썸 리쎈트 베스트 셀러스

- 그 책은 잘 팔립니까?

  Is the book selling well?

  이즈 더 북 셀링 웰?

● 꼭 알아야할 WORD

recent 최근의

- 이 도시의 지도를 파나요?

  Do you have a map of this city?

  두 유 해버 맵 업 디스 씨리?

면세점에서 물건을 살 때

공항 면세점에서 사는 것이 가장 저렴하게 구입할 수 있다. 기내 면세품도 있으나 물품이 다양하지 못하다. 한국 입국시 면세한도는 600불이고 초과할 경우에는 세관 신고를 해야 하므로 유의하여야 한다.

MP3 Track 31

- 면세점은 어디에 있습니까?

  Where's a duty free shop?

  웨얼즈 어 듀리 프리 샵?

- 이 가게에서 면세로 살 수 있습니까?

  Can I buy things on duty free here?

  캔 아이 바이 씽스 온 듀리 프리 히어?

- 이 지방의 특산품은 어떤 것이 있습니까?

  What special products do you have here?

  왓 스페셜 프러덕츠 두 유 해브 히어?

- 담배 한 갑에 얼마 입니까?

  How much is one pack?

  하우 머취 이즈 원 팩?

- 면세품인가요?

  Is it tax-free?

  이즈 잇 택스 프리?

- 선물용 위스키를 찾고 있습니다.
  I'm looking for whisky as a gift.
  아임 룩킹 포 위스키 애즈어 기프트

- 얼마나 세금을 내야 하나요?
  How much duty can I pay?
  하우 머취 듀티 캔 아이 페이?

- 어느 정도 면세받나요?
  How much will I be saving?
  하우 머취 윌 아이 비 세이빙?

- 탑승권을 볼 수 있을까요?
  Can I see your boarding pass, please.
  캔 아이 씨 뉴어 보딩 패쓰, 플리즈

- 탑승 전에 수취하시기 바랍니다.
  Receive it before boarding, please.
  리씨브 잇 비포 보딩, 플리즈

- 한국인에게 어떤 것이 인기가 있나요?
  What kind of items are popular of Koreans?
  왓 카인덥 아이템스 알 파퓰러 어브 코리언즈?

- 이 상품은 무슨 브랜드입니까?
  What brand is it?
  왓 브랜드 이짓?

- 이 세트를 낱개로 살 수 있나요?

  Can I get one from this set?

  캔 아이 겟 원 프롬 디스 셋?

- 어떤 선글라스가 요즘 인기가 있나요?

  What kind of sunglasses are the most popular these days?

  왓 카인덥 썬글래씨즈 아 더 모스트 파퓰러 디즈데이즈?

- 100달러 정도의 것을 사고 싶습니다.

  I'd like to buy something for around one hunderd dollars.

  아이드 라익 투 바이 썸씽 포 어롸운드 원헌드레드 달러즈

- 배달해 주나요?

  Do you deliver?

  두 유 딜리버?

- 네, 해드립니다.

  Yes, I do.

  예스, 아이 두

● 꼭 알아야할 WORD

saving 절약하다
deliver 배달

물건값을 계산할 때

대부분의 상점에서 신용카드나 여행자 수표 등을 사용할 수 있다. 특히 신용카드는 신분증명서와 같은 역할을 하므로 서명을 하기 전에 금액 등을 확인하도록 한다. 정찰제가 아닌 작은 상점에서는 현금이 필요할 수도 있으니 약간의 현금을 준비하는 것이 좋다.

MP3 Track 32

- 이것을 사겠습니다.
  I'll take this.
  아일 테잌 디스

- 전부 얼마입니까?
  What is the total?
  윗 이즈 너 토달?

- 이것 좀 계산해 주시겠어요?
  Will you add these up for me?
  윌 유 애드 디즈 업 포미?

- 이 셔츠도 계산에 넣어 주세요.
  Add in this shirt.
  애드 인 디스 셔츠

- 영수증 좀 주세요.
  Let me have a receipt, please.
  렛 미 해브 어 리씻, 플리즈

- 좀 더 싸게는 안됩니까?

  Is this the best price?

  이즈 디스 더 베스트 프라이스?

- 거스름돈이 모자랍니다.

  I think I was shortchanged.

  아이 씽크 아이 워즈 숏체인쥐드

- 계산이 틀립니다.

  I think your calculation is wrong.

  아이 씽크 유어 컬큘레이션 이즈 롱

- 다른 것이 또 있습니까?

  Anything else?

  애니씽 엘스?

- 그게 전부입니다.

  No, that's all.

  노우, 댓츠 올

- 신용카드로 계산하겠습니다.

  Let me pay for it with my credit card.

  렛 미 페이 포잇 윗 마이 크레딧 카드

- 여행자 수표를 사용할 수 있습니까?

  Can I use traveler's checks?

  캔 아이 유즈 트레블러스 첵스?

● 꼭 알아야할 WORD

shirt 셔츠
shortchanged 거스름돈

Part 7 쇼핑

- 제 예산을 넘는데요.

    That's beyond my budget.

    댓츠 비얀드 마이 버짓

- 얼마정도 예상하시는데요?

    How much do you think you can pay?

    하우 머취 두 유 싱크 유 캔 페이?

- 깎아 주시면 살게요.

    If you give me a it discount I'll buy.

    이퓨 기브 미 어 잇 디스가운 아윌 바이

- 30달러로 안되겠습니까?

    To thirty dollars?

    투 써티 달러즈?

- 이건 다른 가게에서 50달러입니다.

    This is fifty dollars at another store.

    디씨즈 피프티 달러즈 앳 언아더 스토어

- 20% 깎아 드릴께요.

    I'll give you a 20% discount.

    아윌 기뷰 어 트웬니퍼센트 디스카운

- 리본을 달아서 포장해 주세요.

    Can you add a ribbon?

    캔 유 애더 리본?

- 선물용으로 포장 해 주십시오.

    Please gift-wrap this.

    플리즈 깁트 랩 디스

- 포장비를 내야 하나요?

    Do you charge for wrapping?

    두 유 챠지 포 랩핑?

- 한국으로 보내 주실 수 있습니까?

    Can you send this to Korea?

    캔 유 샌드 디스 투 코리아?

- 물건 받는데 얼마나 걸립니까?

    How long does it take to receive it?

    하우 롱 더즈 잇 테익 투 리씨브 잇?

- 배달료를 따로 내야 하나요?

    Do I have to pay tax or any other extra charges for delivery?

    두 아이 해브 투 페이 택 오어 애니 아더 엑스트라 챠지스 포 딜리버리?

- 항공우편으로 부탁합니다.

    By air mail, please.

    바이 에어 메일, 플리즈

● 꼭 알아야할 WORD

beyond ~을 넘어서
budget 예산
gift-wrap 배달료
delivery 배달

물건의 반품과 환불

물건을 구입했을 경우 반드시 영수증을 보관하는 습관을 갖도록 한다. 교환이나 환불을 요할 경우 꼭 필요하다. 특히 미국에서는 환불보장제도(Money Back Guaranree)가 있어 소비자가 일정 기간 내에 환불이나 교환을 할 수가 있다.

MP3 Track 33

- 교환해 주실 수 있나요.

    I'd like to exchange this.

    아이드 라잌 투 익스체인지 디스

- 이것을 환불 받고 싶습니다.

    I'd like to get a refund for this.

    아이트 라잌 투 겟 어 리펀드 포 디스

- 어디로 가야 합니까?

    Where should I go?

    웨얼 슈드 아이 고?

- 때가 묻어 있네요.

    It's dirty.

    잇츠 더리

- 깨져 있습니다.

    It's broken.

    잇츠 브로큰

- 영수증 좀 보여 주시겠어요?
  May I have the receipt, please?
  메이 아이 해브더 리씻, 플리즈?

- 영수증을 받지 않았는데요.
  I didn't get a receipt.
  아이 디든ㅌ 게러 리씻

- 여기 있습니다.
  Here's the receipt.
  히어즈 더 리씻

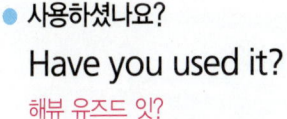

- 사용하셨나요?
  Have you used it?
  해뷰 유즈드 잇?

- 전혀 사용하지 않았습니다.
  I haven't used it at all.
  아이 해븐ㅌ 유즈드 잇 앳 올

● 꼭 알아야할 WORD

exchange 교환하다
refund 환불하다
have a look 보다
purchase 구매하다

- 어디 한번 볼까요?
  May I have a look, please.
  메이 아이 해버 룩, 플리즈

- 언제 구입하셨나요?
  When did you purchase it?
  웬 디 쥬 펄쳐스 잇?

- 어제 샀어요.

 I bought it yesterday.

 아이 보웃 잇 예스터데이

- 환불은 불가능합니다.

 We can't give you a refund.

 위 캔트 기뷰 어 리펀드

- 교환은 가능합니다.

 We can replace them for you.

 위 캔 리플레이스 뎀 포 유

- 왜 교환이 안 되지요?

 Why can't I exchange this?

 와이 캔트 아이 엑스체인지 디스?

- 주문한 물건을 아직 받지 못했습니다.

 I haven't received what I ordered yet.

 아이 해븐트 리씨브드 왓 아이 오더드 옛

- 열어보니 제가 산 물건이 아닙니다.

 This is different from what I bought.

 디씨즈 디풔런트 프럼 왓 아이 봇

- 이것을 새 것으로 교환하고 싶습니다.

 I want to exchange it for a new one.

 아이 원 투 익쓰체인쥐잇 포러 뉴 원

- 박스조차 열지 않았습니다.

  I didn't even open the box.

  아이 디든ㅌ 이븐 오픈 더 박스

- 다른 것을 골라 주세요.

  Please let me choose another one.

  플리즈 렛 미 츄즈 언아더 원

- 구입하실 때 흠집이 있었나요?

  Was it already damaged when you bought it?

  워즈잇 얼레디 데미쥐드 웬 유 보팃?

- 전 몰랐습니다.

  I didn't notice.

  아이 디든ㅌ 노티스

- 부품 하나가 없습니다.

  I found there is a missing part.

  아이 파운드 데어 이져 미씽 파트

● 꼭 알아야할 WORD

replace 교환하다
choose 선택하다
damage 손상

꼭 알아두어야 할 point word

| 선물가게 **souvenir shop** 수비니어 샵 | 보석가게 **jewelry store** 쥬얼리 스토어 |

- 선물가게 **souvenir shop** 수비니어 샵
- 보석가게 **jewelry store** 쥬얼리 스토어
- 구두가게 **shoe store** 슈- 스토어
- 과일가게 **fruit shop** 프루츠 샵
- 모피 **fur** 풔
- 부엌용품 **kitchen ware** 키친 웨어
- 수제품 **hand-made** 핸드메이드
- 민속의상 **national costume** 내셔널 커스텀
- 민예품 **folk craft article** 폴크 크랩 아티클
- 시장 **market** 마아켓
- 벼룩시장 **flea market** 플리 마아켓
- 상인 **merchant** 머천트
- 유리세공 **glass work** 글래스 웍
- 자수 **embroidery** 엠브로이더리

꼭 알아두어야 할 point Word

계산대	현금
register counter	**cash**
래지스터 카운터	캐쉬

신용카드	포함시키다
credit card	**add in**
크레딧 카드	애드 인

영수증	기념일
receipt	**anniversary**
리싯	애니버써리

상품권	생일 선물
gift certificate	**birthday present**
깁트 써티피킷	버쓰데이 프레즌트

답례품	현상하다
return present	**develop**
리턴 프레즌트	디벨럽

확대하다	화려한
enlargement	**loud**
엔라쥐먼트	라우드

치수	옷감
measurement	**fabrics**
메쥬어먼트	훼브릭스

PART 08 관광

꼭 알아두면 편한 알짜배기 영어회화

Where is the tourist information?
웨얼 이즈 더 투어리스트 인포메이션?

관광 안내소가 어디에 있습니까?

What kind of tours do you have?
왓 카인드 어브 투어스 두 유 해브?

어떤 종류의 투어가 있나요?

Can I book a tour here?
캔 아이 북커 투어 히어?

여기서 관광예약을 할 수 있나요?

What's the admission fee for adults?
왓츠 더 어드미션 피 포 어덜츠?

성인 입장료는 얼마입니까?

May I take a picture here?
메아이 테이커 픽춰 히어?

여기서 사진을 찍어도 되나요?

Please develop this film.
플리즈 디벨롭 디스 필름

이 필름을 현상해 주십시오.

What musical is on now?
왓 뮤지컬 이즈 언 나우?

지금 무슨 뮤지컬을 공연하나요?

What sports are you good at?
왓 스포츠 아 유 굳 앳?

무슨 스포츠를 좋아합니까?

관광 안내소에서

여행지에서 여행정보를 얻으려면 공항이나 시내의 관광 안내소에 문의 하는 것이 편리하다. 시내지도나 관광여행 안내서, 교통 노선도 등을 구해 놓으면 유용하게 사용할 수 있다.

MP3 Track 34

- 관광 안내소가 어디에 있습니까?

  Where is the tourist information?
  웨얼 이즈 더 투어리스트 인포메이션?

- 관광객을 위한 안내서가 있습니까?

  Do you have a tourist guide brochure?
  두 유 해비 투어리스트 가이드 부로슈어?

- 관광안내 책자 하나 주시겠어요?

  Can I have a sightseer's pamphlet?
  캔 아이 해버 싸잇씨어즈 팸프릿?

- 시내 지도를 하나 가져도 될까요?

  Can I have a city map?
  캔 아이 해버 씨티 맵?

- 지도가 있는 관광 안내서를 얻을 수 있을까요?

  Can I get any tourist guides with maps?
  캔 아이 갯 애니 투어리스트 가이즈 위드 맵스?

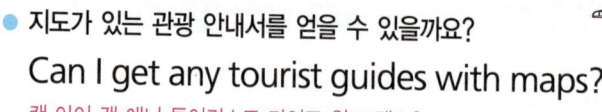

- 이 도시에서 무엇을 하면 좋을까요?

  What's there to do around the city?

  왓츠 데어 투 두 어라운드 더 씨티?

- 이 도시의 구경거리를 추천해 주시겠어요?

  What are the major tourist attractions in this city?

  왓아 더 메이져 투어리스트 어트렉션스 인 디스 시티?

- 흥미있는 관광을 추천해 줄 수 있습니까?

  Can you recommend an interesting tour?

  캔 유 레커맨드 언 인터레스팅 투어?

- 뉴욕에서는 무엇이 볼 만 합니까?

  What would you recommend me to see in New York?

  왓 우쥬 레커멘트 미 투 씨인 뉴욕?

- 어떤 종류의 투어가 있나요?

  What kind of tours do you have?

  왓 카인드 어브 투어스 두 유 해브?

- 이 도시 관광에는 어떤 것들이 있나요?

  What does the city tour include?

  왓 더즈 더 시티 투어 인클루드?

● 꼭 알아야할 WORD

brochure
소책자
attraction
명소
recommend
~을 권하다

- 어느 관광이 제일 흥미롭습니까?

    Which tour is the most interesting?

    위치 투어 이즈 더 모스트 인터레스팅?

- 시내버스 관광은 있습니까?

    Is there a sightseeing tour bus for this city?

    이즈 데어러 싸잇씽 투어 버스 포 디스 시티?

- 경치 좋은 곳이 있나요?

    Is there a place with a nice view?

    이즈 데어러 플레이스 위드 어 나이스 뷰?

- 관광버스가 있습니까?

    Do you have a sightseeing bus?

    두 유 해버 싸잇씽 버스?

- 오늘 관광이 있습니까?

    Do you have the tour today?

    두 유 해브 더 투어 투데이?

- 저녁에 할 수 있는 것이 뭐가 있습니까?

    What's there to do at night?

    왓츠 데어 투 두 앳 나이트?

- 야간 관광이 있습니까?

    Do you have a night tour?

    두 유 해버 나잇 투어?

- 야간 관광은 매일 있나요?

 Do you have night tours everyday?

 두 유 해브 나잇 투어 에브리데이?

- 시내관광에 참여하고 싶습니다.

 I'd like to join a city tour.

 아이드 라익투 죠이너 시티 투어

- 어디서 모입니까?

 Where shall we meet?

 웨어 쉘 위 밋?

- 시간은 얼마나 걸립니까?

 How long does it take?

 하우 롱 더즈 잇 테익?

- 요금이 일인당 얼마입니까?

 What does it cost for one person?

 왓 더짓 코스트 포 원 퍼슨?

- 여기서 관광예약을 할 수 있나요?

 Can I book a tour here?

 캔 아이 북커 투어 히어?

- 유람선 관광이 있습니까?

 Do you have any tours by pleasure boats?

 두 유 햅 애니 투어즈 바이 플래져 보웃츠?

● 꼭 알아야할 WORD

everyday 매일
city tour 시내관광
person 사람

- 한국어를 할 수 있는 가이드가 있나요?

  Is there a Korean speaking guide?

  이즈 데어러 코뤼언 스피킹 가이드?

- 어디가 구경하기에 제일 좋을까요?

  Where is the best place to see?

  웨어 이즈 더 베스트 플레이스 투 씨?

- 이 도시에 사적지가 있습니까?

  Are there any historical sites in this city?

  아 데어 애니 히스토리컬 싸이츠 인 디스 시티?

- 출발은 몇 시에 하나요?

  What time do we leave?

  왓 타임 두 위 리브?

● 꼭 알아야할 WORD

historical
역사상의

- 관광시간은 얼마나 걸리나요?

  How long does the tour take?

  하우 롱 더즈 더 투어 테잌?

관광지에서

많은 사람들이 모이는 곳인 만큼 절대로 에티켓을 지켜야 한다. 상대방이 불쾌하게 생각할 정도로 큰소리로 떠들거나 전시물에 함부로 손을 대는 등 주위에 빈축을 사는 행동은 삼가는 것이 좋다.

MP3 Track 35

- 몇 시에 문을 열지요?
  What time do you open?
  왓 타임 두 유 오픈?

- 몇 시에 문을 닫습니까?
  What time do you close?
  왓 타임 두 유 클로우즈?

- 오늘은 몇 시까지 문을 여나요?
  How late are you open today?
  하우 레잇 아 유 오픈 투데이?

- 연중무휴입니다.
  We're open year round.
  위어 오픈 이어 라운드

● 꼭 알아야할 WORD

admission
입장

- 성인 입장료는 얼마입니까?
  How much is the admission fee for adults?
  하우 머치 이즈 디 어드미션 피 포 어덜츠?

- 성인은 30달러입니다.

  It's 30 dollars for adults.

  잇츠 써티 달러스 포 어덜츠

- 관광용 안내 팜프렛을 얻을 수 있을까요?

  Can you get a pamphlet for tourists?

  캔 유 게러 팜프릿 포 투어리스츠?

- 여기서 얼마나 머뭅니까?

  How long do we stop here?

  하우 롱 두 위 스탑 히어?

- 몇 시까지 돌아오면 될까요?

  What time should we come back?

  왓 타임 슈드 위 컴 백?

- 시간은 어느 정도 있나요?

  How long do we have?

  하우 롱 두 위 해브?

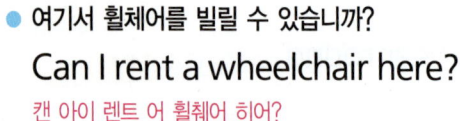

- 여기서 휠체어를 빌릴 수 있습니까?

  Can I rent a wheelchair here?

  캔 아이 렌트 어 휠췌어 히어?

- 이 건물은 무엇이 유명한가요?

  What is this building famous for?

  왓 이즈 디스 빌딩 페이머스 풔?

● 내부를 보아도 될까요?
Can I take a look inside?
캔 아이 테익 커 룩 인사이드?

● 전망대는 어떻게 올라 갑니까?
How can I get up to the observatory?
하우 캔 아이 게럽 투 더 업저버터리?

● 정말 아름다운 경치군요!
What a beautiful view!
와러 뷰티풀 뷰!

● 환상적이군요!
It's fantastic!
잇츠 환타스틱!

● 저것은 무엇인가요?
What is that?
왓 이즈 댓?

● 저 산의 이름은 무엇인가요?
What is the name of the mountain?
왓 이즈 더 네임 업 더 마운틴?

● 그림엽서가 있습니까?
Do you have a picture postcard?
두 유 해버 픽춰 포스트카드?

● 꼭 알아야할 WORD

observatory
관측소, 기상대, 천문대
fantastic
환상적인, 기상천외의
mountain 산

- 오늘 퍼레이드가 있습니까?

    Is there a parade, today?

    이즈 데얼 어 퍼레이드, 투데이?

- 아이를 잃어 버렸어요.

    I've lost my child.

    아이브 로슷 마이 촤일드

● 꼭 알아야할 WORD

parade 행렬, 행진
lost 잃어버리다

- 사람 찾는 방송을 해 주시겠어요?

    Can you page someone for me?

    캔 유 페이지 썸원 포 미?

- 상점이 어디에 있습니까?

    Where is the gift shop?

    웨얼 이즈 더 기프트 샵?

- 화장실은 어디에 있나요?

    Where is the rest room?

    웨얼 이즈 더 뤠스트 룸?

사진 촬영을 할 때

박물관 등 사진촬영이 금지된 곳에서는 사진을 찍지 않도록 한다. 사진 촬영 시 외국인과 함께 찍기를 강요하지 말고, 현지인들을 대놓고 찍는 일도 주의해야 한다. 요금을 청구할 수도 있다.

MP3 Track 36

- 여기서 사진을 찍어도 되나요?
  ### May I take a picture here?
  메아이 테이커 픽춰 히어?

- 저희 사진을 찍어주시겠어요?
  ### Would you please take a picture of us?
  우쥬 플리즈 테이커 픽춰 어브 어스?

- 우리와 함께 사진을 찍을 수 있을까요?
  ### Could you take a picture with us, please?
  쿠쥬 테이커 픽춰 위드 어스, 플리즈?

- 함께 사진을 찍읍시다.
  ### Let's take a picture together.
  렛츠 테잌커 픽춰 투게더

● 꼭 알아야할 WORD
together 함께
background 배경

- 배경에 건물이 나오게 해 주시겠어요?
  ### Can you get the buildings in the background?
  캔 유 게더 빌딩즈 인 더 백그라운드?

- 셔터 좀 눌러 주실래요?

  Could you please press the shutter for me?

  쿠쥬 플리즈 프레스 더 셔터 포 미?

- 작동방법을 모르는데요.

  I don't know how it works.

  아이 돈트 노 하우 잇 웍스

- 이것은 자동카메라입니다.

  This is an auto focus programmed camera.

  디스 이즈 언 오토 포커스 프로그램드 캐머라

- 여기 버튼만 누르시면 됩니다.

  Just press the button here.

  져스트 프레스 더 버튼 히어

- 비디오 촬영을 해도 될까요?

  May I take a video?

  메아이 테잌 커 비디오?

- 플래쉬는 사용금지입니다.

  You are not allowed to use a flash.

  유 아 낫 얼라우드 투 유줘 플래쉬

● 꼭 알아야할 WORD

press 누르다
video 비디오녹화
allow 허락하다

- 플래쉬와 삼각대는 사용금지입니다.

  You are not allowed to use a flash and a tripod.

  유 아 낫 얼라우드 투 유줘 플래쉬 앤더 트라이파드

- 당신 사진을 좀 찍으면 안될까요?

  Do you mind if I take a picture of you?

  두 유 마인 잎 아이 테잌커 픽춰 어브 유?

- 이 사진을 보내 드리겠습니다.

  I'll send you this picture.

  아월 샌듀 디스 픽춰

● 꼭 알아야할 WORD

tripod 삼각대
picture 사진
repair 고치다

- 이름과 주소를 써 주시겠어요?

  Write down your name and address, please.

  롸잇 다운 유어 네임 앤 어드레스, 플리즈

- 카메라가 고장 났습니다.

  This camera doesn't work.

  디스 카메라 더즌ㅌ 웍

- 고칠 수 있을까요?

  Can you repair it?

  캔 유 리페어 잇?

미술관·박물관에서

미술관이나 박물관에서 사진을 찍으려면 촬영이 가능한지 미리 확인해야 한다. 경비원에게 주의를 듣거나 경우에 따라서는 카메라를 압수당하거나 퇴장을 당할 수가 있으니 조심해야 된다.

MP3 Track 37

- 매표소가 어디에 있나요?

  Where is the box office?

  웨얼 이즈 더 박스 오피스?

- 입장료가 얼마죠?

  How much is the admission?

  하우 미취 이즈 디 어드미션?

- 어른 두 장과 학생 두 장 주십시오.

  Two adults and one student, please.

  투 어덜츠 앤 원 슈튜던, 플리즈

- 이 표로 모든 전시를 볼 수 있습니까?

  Can I see everything with this ticket?

  캔 아이 씨 에브리씽 위드 이스 티켓?

- 가방을 맡아 주시겠어요?

  Would you like to check my bag?

  우쥬 라익 투 첵 마이 백?

- 안내하는 가이드가 있습니까?

  Is there anyone who can guide me?

  이즈 데어 애니원 후 캔 가이드 미?

- 이 박물관은 무엇이 유명한가요?

  What is this museum famous for?

  왓 이즈 디스 뮤지엄 풰이머스 포?

- 박물관 지도를 얻을 수 있을까요?

  May I have a map of the museum?

  메아이 해버 맵 업 더 뮤지엄?

- 내부를 구경할 수 있습니까?

  Can I take a look inside?

  캔 아이 테이커 룩 인사이드?

- 이 박물관에는 무슨 작품이 있습니까?

  What kind of museum is this?

  왓 카인덥 뮤지엄 이즈 디스?

- 르노와르 작품이 어디에 있습니까?

  Where are the works of Renoir?

  웨얼 아 더 웍스 업 르노아르?

- 저 그림 좀 보세요.

  Look at the picture.

  룩 앳 더 픽춰

● 꼭 알아야할 WORD

box office 매표소
admission 입장료
museum
박물관, 미술관, 기념관, 전시관

- 여기서 사진을 찍어도 되나요?
  May I take a picture here?
  메아이 테이커 픽춰 히어?

- 플래쉬는 사용금지입니다.
  You are not allowed to use a flash.
  유 아 낫 얼라우드 투 유줘 플래쉬

- 이 그림의 작가는 누구인가요?
  Who painted this picture?
  후 페인티드 디스 픽춰?

● 꼭 알아야할 WORD

souvenir
기념품

- 이 작품은 언제 것입니까?
  When was this work done?
  웬 워즈 디스 웍 던?

- 이 작품은 얼마나 오래된 것인가요?
  How old is this work?
  하우 올드 이즈 디스 웍?

- 이거 만져 봐도 될까요?
  Is it O.K. if I touch this?
  이즈 잇 오케이 이프 아이 터취 디스?

- 기념그림엽서가 있나요?
  Do you have a souvenir picture postcard?
  두 유 헤버 수비니어 픽춰 포스트카드?

- 매점에 있습니다.
  You can get one at the shop.
  유 캔 겟 원 앳 더 샵

- 나는 미술 감상을 좋아합니다.
  I enjoy looking at art collections.
  아이 엔죠이 루킹 앳 아트 콜렉션즈

- 미술관 개폐시간이 어떻게 되죠?
  What are the art gallery hours?
  왓 아 더 아트 갤러리 아워즈?

- 미술관에 자주 가세요?
  Do you often go to art galleries?
  두 유 어픈 고 투 아트 갤러리즈?

- 전시중인 특별한 이벤트가 있습니까?
  Are there any special events taking place?
  아 데어 애니 스페셜 이벤츠 테이킹 플레이스?

- 이 미술관 투어가 있나요?
  Does this art gallery have a tour?
  더즈 디스 아트 갤러리 해버 투어?

- 한국어 가이드가 있습니까?
  Do you have a Korean-speaking guide?
  두 유 해버 코뤼언 스피킹 가이드?

● 꼭 알아야할 WORD

looking at
~을 보다, 바라보다
collection
수집, 소장품, 모금, 수령
often ~ to ~
~에 자주 ~하다
gallery
화랑, 미술관, 관객

- 다시 입관 할 수 있나요?

    Can I reenter?

    캔 아이 리엔터?

- 언제 폐관을 하지요?

    When do you close?

    웬 두 유 크로우즈?

- 화장실이 어디 있나요?

    Where is the restroom?

    웨얼 이즈 더 레스트 룸?

- 출구가 어디 있나요?

    Where is the exit?

    웨얼 이즈 더 엑싯?

연극·영화관에서

브로드웨이의 역사는 42번가에 세워진 빅토리아 극장이 그 시초. 지금은 크고 작은 극장이 400여 개가 있으며, 오프 브로드웨이 극장은 그 10배가 넘는다. 그야 말로 극장 천국이다.

MP3 Track 38

- 지금 무슨 뮤지컬을 공연하나요?

    What musical is on now?

    왓 뮤지컬 이즈 언 나우?

- 오늘 클래식 콘서트는 없습니까?

    Are there any classic concerts today?

    아 데어 에니 클래식 칸써츠 투데이?

- 오늘 표가 아직 남아있을까요?

    Are today's tickets still available?

    아 투데이즈 티켓츠 스틸 어베일러블?

- 좌석이 매진 되었습니다.

    The seats are all sold out.

    더 씻츠 아 올 쏠드 아웃

- 예약을 해야만 합니까?

    Do I have to make a reservation?

    두 아이 해브 투 메이커 레져베이션?

● 꼭 알아야할 WORD

available
쓸모 있는, 유효한, 이용할 수 있는
sold out 매진된

- 어디에서 예매권을 살 수 있습니까?

  Where can I get an advance ticket?

  웨얼 캔 아이 게런 어드밴스 티켓?

- 좌석 두 개를 예약해 주실래요?

  Could you reserve two seats for me?

  쿠쥬 뤼져브 투 씻츠 포 미?

- 내일 밤 표 2장 주십시오.

  Two for tomorrow night, please.

  투 포 투모로우 나이트, 플리즈

- 죄송합니다만 매진되었습니다.

  I'm sorry, but everything is taken.

  아임 쏘리, 벗 에브리씽 이즈 테이큰

- 몇 시에 시작하지요?

  What time does it start?

  왓 타임 더즈 잇 스타트?

- 다음 회는 몇 시에 시작하나요?

  What time is the next showing?

  왓 타임 이즈 더 넥스트 쑈잉?

- 마지막 공연은 언제 끝납니까?

  When does the last show end?

  웬 더즈 더 라스트 쑈 엔드?

- 실례입니다만 이 자리는 누구의 자리인가요?
  Excuse me, but is this seat taken?
  익스튜즈 미, 벗 이즈 디스 씻 테이큰?

- 자리 좀 바꿀 수 없을까요?
  Would you mind trading seats with me?
  우쥬 마인드 트뤠이딩 씻츠 위드 미?

- 어떤 영화를 좋아하세요?
  What kind of movies do you like?
  왓카이너 무비스 두 유 라익?

- 오늘 밤에 영화 보러 가실래요?
  Do you want to see a movie tonight?
  두 유 원 투 씨 어 무비 투나잇?

- 어떤 영화가 보고 싶은데요?
  Which movie do you want to see?
  위치 무비 두 유 원 투 씨?

- 모든 종류의 영화를 좋아합니다.
  I like all kinds of films.
  아이 라익 올 카인즈 어브 필름즈

- 사운드 오브 뮤직으로 2장 주세요.
  Two for Sound of Music.
  투 포 사운드 어브 뮤직

● 꼭 알아야할 WORD

advance
진보하다, 향상되다, 숙달되다
movie 영화

- 재미있나요?

    Is it good?

    이짓 굿?

- 꼭 알아야할 WORD

    great 훌륭한

- 상영 기간은 언제까지입니까?

    How long will it be running?

    하우 롱 윌 잇 비 러닝?

- 그 영화 마음에 드십니까?

    How did you like the movie?

    하우 디쥬 라잌 더 무비?

- 그 영화 어땠어요?

    What did you think of the movie?

    왓 디쥬 씽크 어브 더 무비?

- 훌륭한 영화였어요.

    It was a great movie.

    잇 워즈 어 그레이트 무비

스포츠와 레저를 즐길 때

해외여행 중에 스포츠를 관람한다거나 각종 레저를 즐기는 것도 좋다. 각 나라마다 특색있는 스포츠나 레져가 있어 그 나라가 자랑하는 것을 만나 보는 것은 더욱 좋은 추억을 만들 수가 있다.

MP3 Track 39

- 운동하는 것을 좋아합니까?

    Do you like playing sports?

    두 유 라잌 플레잉 스포츠?

- 스포츠라면 무엇이든 좋아합니다.

    I go in for all kinds of sports.

    아이 고 인 포 올 카인즈 어브 스포츠

- 무슨 스포츠를 좋아합니까?

    What sports are you good at?

    왓 스포츠 아 유 굳 앳?

● 꼭 알아야할 WORD

be good at
~에 능하다, 잘하다

- 나는 스포츠에 관심이 없습니다.

    I'm not interested in sports.

    아임 낫 인터레스티드 인 스포츠

- 오늘 프로 야구시합이 있습니까?

    Is there a pro baseball game today?

    이즈 데어러 프로 베이스볼 게임 투데이?

- 어느 팀이 경기를 하죠?

    Which teams are playing?

    위치 팀스 아 플레잉?

- 그 시합 볼 만 하던가요?

    Was the game worth watching?

    워즈 더 게임 워어쓰 왓칭?

- 어느 경기장 입니까?

    Where is the stadium?

    웨얼 이즈 더 스타디움?

- 경기장을 가려면 어떻게 가면 될까요?

    How can I go to the stadium?

    하우 캔 아이 고 투 더 스타디움?

- 어디에서 표를 사나요?

    Where can I get a ticket?

    웨얼 캔 아이 게러 티켓?

- 시합은 몇 시에 시작하지요?

    What time do they start playing?

    왓 타임 두 데이 스타트 플레잉?

- 좋은 경기가 있으면 알려주시겠어요?

    Is there a good game playing anywhere?

    이즈 데어러 굿 게임 플레잉 에니웨어?

- 좀 더 가까운 좌석이 있나요?
  Is there a closer area I can sit?
  이즈 데어러 클로져 에어리어 아이 캔 씻?

- 어느 팀이 이길 것 같은가요?
  Which team looks like it will win?
  위치 팀 룩스 라잌 잇 윌 윈?

- 지금 몇 회입니까?
  What inning is it?
  왓 이닝 이즈 잇?

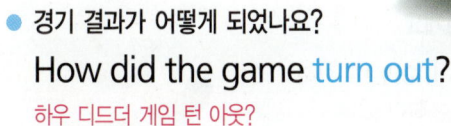

- 경기 결과가 어떻게 되었나요?
  How did the game turn out?
  하우 디드더 게임 턴 아웃?

- 최근에 골프 연습장에 간 적이 있습니까?
  Have you been to the driving range lately?
  해브 유 빈 투 더 드라이빙 레인쥐 레이틀리?

- 골프를 치고 싶습니다.
  I'd like to play golf.
  아이드 라잌 투 플레이 골프?

- 핸디캡이 어떻게 되세요?
  What's your handicap?
  왓츠 유 어 핸디캡?

● 꼭 알아야할 WORD

stadium 야구장, 축구장, 스타디움
look like ~할 것 같다
inning (경기의) 회
turn out 모습을 드러내다
handicap 장애, 불리한 조건

- 몇 시에 시작하면 좋을까요?

  What time shall I start?

  왓 타임 쉘 아이 스타트?

- 그린이 비었습니다. 치십시오.

  The green is clear. Go ahead.

  더 그린 이즈 클리어 고우 어헤드

- 어느 클럽을 쓰시겠어요?

  Which club would you like to use?

  위치 클럽 우쥬 라잌 투 유즈?

- 7번 아이언으로 할게요.

  I'll use the 7 iron.

  아윌 유즈 더 세븐 아이언

- 테니스 할 줄 알아요?

  Can you play tennis?

  캔 유 플레이 테니스?

- 이 호텔에 테니스 코트가 있습니까?

  Do you have a tennis court in the hotel?

  두 유 해버 테니스 코트 인 더 호텔?

- 코트 빌리는 데 얼마입니까?

  How much is it to rent the court?

  하우 머취 이즈 잇 투 렌트 더 코트?

- 보통 어디로 낚시를 가십니까?

  Where do you usually go fishing?

  웨얼 두 유 유쥴리 고우 퓌슁?

- 고기를 좀 잡으셨나요?

  Did you catch any fish?

  디쥬 캐취 애니 퓌쉬?

● 꼭 알아야할 WORD

> usually 보통
> instructor 교사, 교관, 강사
> equipment 장비
> beginners 초보자, 초심자

- 스쿠버 다이빙을 하고 싶은데요?

  I'd like to go scuba diving.

  아이드 라잌 투 고우 스쿠버 다이빙

- 한국어를 하는 강사가 있나요?

  Do you have a Korean speaking instructor?

  두 유 해버 코뤼안 스피킹 인스트럭터?

- 스키를 타고 싶은데요.

  I'd like to go skiing.

  아이드 라잌 투 고 스킹

- 어디서 스키용품을 빌릴 수 있습니까?

  Where can I rent ski equipment?

  웨얼 캔 아이 렌트 스키 이퀴브먼트?

- 초보자용 슬러프가 어디인가요?

  Where's the slope for beginners?

  웨얼즈 더 슬러프 포 비기너즈?

꼭 알아두어야 할 point word

| 명승지 **scenic spot** 씨닉 스팟 | 기념관 **memorial** 메머리얼 |

| 명소 **famous spots** 페이머스 스팟스 | 축제 **festival** 페스티벌 |

| 강 **river** 리버 | 계곡 **valley** 밸리 |

| 언덕 **hill** 힐 | 인기거리 **attractions** 어트랙션스 |

| 도시 지도 **city map** 시티 맵 | 유원지 **recreation ground** 레크리에이션 그라운드 |

| 전시장 **exhibition** 액서비션 | 공원 **park** 팍 |

| 매진 **sold out** 솔드 아웃 | 입구 **entrance** 엔터런스 |

꼭 알아두어야 할 point word

작품 **works** 웍스	입장료 **admission fee** 애드미션 피
박물관 **museum** 뮤지엄	귀여운 **pretty** 프리티
촬영금지 **No photographs** 노 포토그랩스	플래시 금지 **No flash** 노 플래쉬
비디오 카메라 **video camera** 비디오 캐머러	허락하다 **allow** 얼라우
예매권 **advance seat** 애드밴스 씻	지정석 **reserved seat** 리저브드 씻
성인 **adult** 어덜트	어린이 **child** 촤일드
극장 **theater** 씨어더	미술관 **gallery** 갤러리

세계의 박물관

미국 자연사박물관 American Museum of Natural History

영화 '박물관이 살아있다'의 배경이 된 이 곳은 뉴욕 맨해튼에 위치해 있다. 상설전시관, 연구실, 도서실 등으로 구성되어 있으며 생물학, 생태학, 동물학, 지질학, 천문학, 인류학 등의 분야에 340만개 이상의 표본을 소장하고 있다. 지상 4층 지하 1층인 이 박물관은 동물의 생태를 보여주는 입체 모형 및 실물 위주로 전시되어 현장감과 생동감이 느껴진다. 엄청난 규모의 박물관이기 때문에 Information에 비치되어 있는 한국어 층별 안내도는 필수로 챙긴다. 월, 화는 휴관이고 수~일요일 개방한다. 전시는 오전 10시부터 오후 5시 30분까지고 일찍 서두르는 것이 좋다. 센트럴파크와 공원 내 동물원이 있고 건너편에는 Metropolitan Museum of Art(메트로폴리탄 미술관)가 있다.

미국 메트로폴리탄 미술관 Metropolitan Museum of Art

우아하고 고풍스러운 메트로폴리탄 미술관은 정부의 주도가 아닌 민간 주도 하에 설립되었다. 회화, 조각, 사진, 공예품 등 330여 만점을 소장하고 있으며 파리의 루브르박물관, 영국의 대영박물관과 함께 세계적으로 손꼽히는 박물관이다. 전시는 지역별로 아메리카, 오세아니아, 아시아, 유럽 등으로 구분하여 세분화하였다. 로비 중앙에 위치한 Information에는 한국어 안내도뿐만 아니라 각 나라 언어별 안내인이 상주하는데 한국어 안내인도 상주한다. 미국의 다른 공립 박물관과 마찬가지로 정식 입장료 외에 도네이션(기부금)입장료가 있는데 주머니 사정에 맞게 기부금을 내면 입장할 수 있다. 단, 별도의 입장료가 있는 특별 전시관 등은 예외다. 미국의 영화와 드라마에 자주 등장할 정도로 아름다운 박물관이다.

영국 대영박물관 British Museum
런던의 Bloomsbury에 위치한 박물관은 약 700만점의 소장품은 세계 최대규모로 지하에 공개되지 않은 유물도 상당수다. 이집트의 람세스 석상과 로제타석(비석조각), 그리스의 파르테논 신전의 조각(엘긴마블), 로마 고대유물 등과 한국관, 중국관, 일본관도 있다. 세계 유물의 가치를 알아보고 완벽한 보전과 전시가 이루어진다는 것이 장점이지만 약탈된 문화재에 대한 비판의 목소리도 거세다. 도네이션이 있지만 무료입장이고 한국어가 지원되는 멀티미디어 가이드(유료)는 200여점의 주요 전시물에 대한 사진과 설명이 제공된다. 오전 10시에서 오후 5시 30분까지 개방되며 금요일은 오후 8시 30분까지 연장 전시된다. 일부 전시관의 경우 관람시간이 제한될 수 있고 1월 1일과 12월 24~26일은 휴관한다.

프랑스 루브르박물관 Louvre Museum

파리의 루브르박물관은 궁전의 일부가 미술관으로 사용되다가 궁전의 틀을 벗고 박물관으로 탈바꿈하였다. 중국계 미국인 건축가가 설계한 유리 피라미드는 건축당시 반대가 상당했으나 지금은 루브르의 상징이 되었다. 1층은 고대 이집트, 그리스, 로마 미술품으로 밀로의 비너스가 대표적이고 2층은 19세기 프랑스 회화 전시로 모나리자, 가나의 결혼식이 대표작이다. 3층은 네덜란드와 독일의 회화로 렘브란트와 루벤스의 그림을 만날 수 있다. 오디오 가이드 대여비가 상당하기 때문에 한국에서 미리 다운받아 간다.

각 나라별 축제

독일 - 옥토버페스트(Octoberfest)
매년 9월 셋째 주 토요일부터 10월 첫째 일요일까지 16일간 열리며 독일 국민은 물론 전 세계 관광객이 이 축제를 즐기기 위해 모여든다. 1810년에 시작된 이 축제는 세계 3대 축제 중 하나로 전통과 규모면에서 최고라 할 수 있다. 가장행렬과 맥주마시기, 음악제가 열리며 이국에서의 새로운 분위기를 느낄 수 있다.

프랑스 - 칸 국제 영화제(Cannes International Film Festival)
프랑스 남부 휴양 도시 칸(cannes)에서 매년 5월에 열리는 국제 영화제로 세계 3대 영화제 중 하나이다. 칸영화제는 영화의 예술적인 수준과 상업적 효과의 균형을 잘 맞춤으로써 세계 영화의 만남의 장으로서 명성을 얻게 되었다. 또한 영화 상영 외에도 토론회 · 트리뷰트 · 회고전 등 많은 문화예술 행사를 병행하고 있다.

이탈리아 - 베네치아 카니발(Venezia Carnival)
물의 도시 베네치아에서 열리는 이탈리아 최대 카니발. 1268년에 처음 시작되었으며 사순절의 2주 전부터 열린다. 화려한 패션과 다양한 가면을 구경할 수 있는 가면축제로 이 행사의 백미는 가면을 쓰고 자신을 숨긴 상태에서 축제를 즐길 수 있다는 점이다. 축제 기간 곳곳에서 연극공연, 공중 곡예 서커스 등이 진행된다.

스페인 - 라토마티나(La Tomatina)

토마토 축제로 잘 알려져 있으며 60년의 전통을 자랑하며 약 120톤의 토마토를 거리에 쏟아 놓고 마을 주민과 관광객들이 토마토를 서로에게 던지며 즐기는 축제로 거리는 토마토로 강을 이룬다. 토마토 축제가 열리는 일주일 동안 불꽃놀이와 공연, 음식 축제 등도 함께 열리며 세계에서 가장 많은 축제가 열린다는 스페인에서도 단연 손꼽히는 축제이다.

브라질 - 리우 카니발(Rio carnival)

삼바 축제로 매년 2월 말부터 3월 초 사이에 4일간 축제가 열리는데 이때는 토요일 밤부터 수요일 새벽까지 밤낮을 가리지 않고 축제가 열린다. 해마다 리우 카니발이 열릴 때면 전 세계에서 약 6만 명의 관광객이 찾아오고, 브라질 국내 관광객도 25만여 명에 이른다. 브라질을 찾는 전체 관광객의 3분의 1에 해당되는 사람들이 리우 카니발이 열리는 시기에 맞춰서 온다. 세계 3대 축제 중 하나로 꼽힌다.

태국 - 송끄란축제(Songkran Festival)

타이를 대표하는 문화 축제로 '물의 축제' 라고도 하며 매년 4월 13일부터 15일까지 3일간 타이 주요도시에서 열린다. 송끄란축제 행사 가운데 가장 유명한 것은 지나가는 행인들에게 물을 뿌리는 것이다. 물뿌리기는 불교국가 타이에서 부처의 축복을 기원하기 위해 불상을 청소하는 행위에서 유래하였다. 축제에 참여한 모든 사람들을 축복한다는 뜻으로 서로에게 물을 뿌리는 데 특히 관광객들에게 인기가 높다.

PART 09 통신·은행

꼭 알아두면 편한 알짜배기 영어회화

Is there a public phone around here?
이즈 데어러 퍼블릭 포운 어롸운 히어?

이 근처에 공중전화가 어디에 있나요?

Where is the nearest post office?
웨얼 이즈 더 니어뤼슷 포스트 오피스?

가까운 우체국이 어디에 있습니까?

May I use your phone?
매이 아이 유즈 유어 포운?

전화를 사용해도 될까요?

How much is a postcard?
하우 머취 이즈 어 포스트카드?

우편엽서는 얼마입니까?

When does the bank open?
웬 더즈 더 뱅크 오픈?

은행이 몇 시에 열죠?

How much is it for one hour?
하우 머취 이즈 잇 풔 원 아워?

한 시간에 얼마입니까?

I'd like to send an email to Seoul.
아이드 라잌 투 샌드 언 이메일 투 서울

서울로 이메일을 보내고 싶습니다.

Is it possible to type in Korean?
이짓 파써블 투 타입 인 코뤼안?

한글 입력이 가능한가요?

전화를 할 때

미국에서는 같은 지역번호 안에서도 한 번에 25센트로 몇 시간이고 통화할 수 있는 도시가 있는가 하면, 4분 또는 5분마다 10센트씩 넣는 도시가 있는 등, 공중전화 사용료가 지역에 따라 다르다.

MP3 Track 40

- 이 근처에 공중전화가 어디에 있나요?

    Is there a public phone around here?

    이즈 데어러 퍼블릭 포운 어롸운 히어?

- 공중전화 부스는 저쪽에 있어요.

    A telephone booth is over there.

    어 텔레포운 부스 이즈 오버 데어

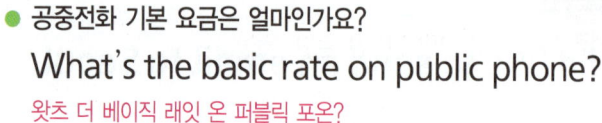

- 공중전화 기본 요금은 얼마인가요?

    What's the basic rate on public phone?

    왓츠 더 베이직 래잇 온 퍼블릭 포온?

- 전화번호 안내가 몇 번입니까?

    What do I dial for directory assistance?

    왓 두 아이 다이얼 포 디렉토리 어시스턴스?

- 전화번호부가 있습니까?

    Is there a telephone directory?

    이즈 데어러 텔레포운 디렉토뤼?

- 안내데스크 좀 부탁하겠습니다.
  Give me the front desk, please.
  깁미 더 프론트 데스크, 플리즈

- 다른 방으로의 전화는 어떻게 하나요?
  How can I make room to romm call?
  하우 캔 아이 메잌 어 룸 투 룸 콜?

- 국제전화를 걸고 싶습니다.
  I'd like to make an international phone call?
  아이드 라잌 투 메이컨 인터네셔널 폰 콜?

- 국제 전화 비용은 얼마입니까?
  What's the rate for international phone calls?
  왓츠 더 래잇 풔 인터내셔널 폰 콜즈?

- 한국으로 수신자부담 전화를 걸고 싶습니다.
  I'd like to make a collect call to Korea.
  아이드 라잌 투 메이커 콜렉트 콜 투 코뤼아

- 여기서 전화카드를 팝니까?
  Do you sell phone cards here?
  두 유 셀 포운 카즈 히어?

- 선불국제전화 카드를 판매하나요?
  Do you have prepaid international calling?
  두 유 해브 프리페이드 인터내셔널 콜링?

● 꼭 알아야할 WORD

assistance
원조, 조력, 보조, 지원
callect call
요금 수신인 지불통화

- 카드는 충전 가능합니까?

 Is the card rechargeable?

 이즈 더 카드 리차저블?

- 이 카드는 공중전화에서 사용 가능한가요?

 Can I use this card in public phones?

 캔 아이 유즈 디스 카드 인 퍼블릭 폰?

- 유심카드를 어디서 구입할 수 있나요?

 Where can I buy SIM cards?

 웨어 캔 아이 바이 심 카아즈?

- 공항에서 구입하실 수 있습니다.

 You can purchase them at the airport.

 유 캔 퍼저스 댐 앳 디 에어포트

- 이 유심카드 제 휴대폰에서 사용 가능할까요?

 Would I be able to use this SIM card on my phone?

 우드 아이 비 에이벌 투 유즈 디스 심카아드 온 마이 포운?

- 국제 전화는 어떻게 하나요?

 How can I make an international phone call?

 하우 캔 아이 메익 언 인터내셔널 폰 콜?

- 국가번호와 전화번호를 말씀해주세요.
  Country code and number, please.
  컨트리 코드 앤 넘버, 플리즈

- 국가번호 82, 전화번호 289-7364입니다.
  Country code is 82, and 289-7364.
  컨트리 코드 이즈 82, 앤 289-7364

- 전화를 사용해도 될까요?
  May I use your phone?
  매이 아이 유즈 유어 포운?

- 전화를 걸어 주시겠습니까?
  Could you call me, please.
  쿠쥬 콜 미, 플리즈

- 전화 연락해도 되겠습니까?
  Can I get in touch with you by phone?
  캔 아이 게딘 터취 위드 유 바이 폰?

- 거기 병원 아닙니까?
  Isn't this the hospital?
  이즌트 디스 더 하스피틀?

● 꼭 알아야할 WORD

wrong number
잘못된 전화, 틀린 전화 번호

- 제가 전화를 잘못 걸었습니다.
  I must have the wrong number.
  아이 머스트 햅더 룽 넘버

- 몇 번을 걸으셨나요?

    What number did you dial?

    왓 넘버 디쥬 다이얼?

- 전화 잘못 거신 것 같군요.

    I'm afraid you have the wrong number.

    아임 어프레이드 유 해브 더 륑 넘버

- 제게 전화해 달라고 전해 주세요.

    Please ask him to give me a ring.

    플리즈 에스크 힘 투 김미 어 륑

- 전화 받으시는 분은 누구시죠?

    Who am I speaking to, please.

    후 엠 아이 스피킹 투, 플리즈

- 이 전화로 걸면 항상 계신가요?

    Are you at this number all the time?

    아 유 앳 디스 넘버 올 더 타임?

- 무슨 일로 전화를 하셨습니까?

    What are you calling about?

    왓 아 유 콜링 어바웃?

- 실례지만 누구시죠?

    Who's this, please.

    후즈 디스, 플리즈

- 여보세요, 진영 킴입니다.
  Hello, Jinyoung Kim speaking.
  헬로, 진영 킴 스피킹

- 누구를 찾으세요?
  Who are you calling?
  후 아 유 콜링?

● 꼭 알아야할 WORD

wish 희망하다
through (전화가) 연결되어

- 여기엔 그런 분 안계신데요.
  There is no one here by that name.
  데어 이즈 노 원 히어 바이 댓 네임

- 누구를 바꿔드릴까요?
  Who do you wish to speak to?
  후 두 유 위쉬 투 스픽 투?

- 미스 제인을 바꿔주세요.
  May I speak to Miss Jane.
  메아이 스픽 투 미쓰 제인?

- 연결해 드리겠습니다.
  I'll put you through, sir.
  아일 푸츄 뜨루, 써

- 지금 통화중입니다.
  His line is busy now.
  히즈 라인 이즈 비쥐 나우

- 기다리시겠습니까?

  Will you hold the line?

  윌 유 홀드 더 라인?

- 나중에 걸겠습니다.

  I'll call later.

  아윌 콜 레이터

- 그에게 말씀 좀 전해 주시겠어요?

  Can you give him a message for me?

  캔 유 기브 힘 어 메시쥐 포 미?

- 그냥 안부전화 했었다고 전해 주세요.

  Just tell him I called to say hello.

  저스트 텔 힘 아이 콜드 투 세이 헬로

- 그에게 메세지를 전달하겠습니다.

  I'll get the message to him.

  아윌 겟 더 메시쥐 투 힘

- 어떻게 연락하면 될까요?

  How can I reach you?

  하우 캔 아이 리취 유?

- 전화번호를 알려 주시겠습니까?

  Can I have your phone number?

  캔 아이 해브 유어 포운 넘버?

● 꼭 알아야할 WORD

say hello
안부 전해주세오
reach
~에 닿다, 도착하다, 도달하다

- 메모를 할게요.
  I'll make a note.
  아윌 메이커 노우트

- 전화가 계속 끊어지네요.
  The line keeps going dead.
  더 라인 킾스 고잉 데드

- 끊었다가 다시 걸겠습니다.
  I'll hang up and call you back.
  아윌 행엎 앤 콜 유 백

- 언제쯤 돌아오실까요?
  Do you know when he will be back?
  두 유 노우 웬 히 윌 비 백?

- 지금 회의 중입니다.
  He is attending a meeting.
  히즈 어텐딩 어 미팅

● 꼭 알아야할 WORD

atten 참석하다

- 전화를 받지 못해 죄송합니다.
  I'm sorry to have missed your call.
  아임 쏘리 투 해브 미쓰드 유어 콜

- 저녁에 전화하시겠어요?
  Will you call me this evening?
  윌 유 콜 미 디스 이브닝?

- 오늘 밤 호텔로 전화해 주시면 어떻습니까?

  Why don't you call me tonight at the hotel?

  와이 돈츄 콜 미 투나잇 앳 더 호텔?

- 미안합니다만, 전화를 끊어야겠습니다.

  I'm sorry, I have to hang up.

  아임 쏘리, 아이 햅투 행엎

- 혼선이 되었습니다.

  The lines are crossed.

  더 라인즈 아 크로스트

- 이 전화는 직통전화입니다.

  This is a hot line.

  디스 이즈 어 핫 라인

우편을 이용할 때

미국의 우체통 색깔은 파란색이며, 국내용과 국외용으로 나뉘어 있다. 우표는 약국이나 슈퍼마켓에서 구입할 수 있으나 소포를 부치려면 우체국에 가야 한다. 한국까지 소요일 수는 항공편은 6일, 선편은 한 달 정도 걸린다.

MP3 Track 41

- 가까운 우체국이 어디에 있습니까?

  Where is the nearest post office?

  웨얼 이즈 더 니어뤼슷 포스트 오피스?

- 이 소포를 항공편으로 한국으로 보내고 싶은데요.

  I'd like to send this parcel to Korea by airmail.

  아이드 라익투 샌드 디스 파슬 투 코뤼아 바이 에어메일

  ● 꼭 알아야할 WORD

  parcel 소포
  C.O.D
  cash on delivery
  대금교환인도(착불)

- 이 소포를 착불요금으로 보내고 싶은데요.

  I'd like to send this parcel C.O.D.

  아이드 라익투 샌드 디스 파슬 씨오디

- 이 소포의 무게를 달아주시겠습니까?

  Will you weigh this parcel for me?

  윌 유 웨이 디스 파슬 포 미?

- 보통 항공우편과 빠른우편이 있습니다.

  We have regular airmail and express mail.

  위 해브 레귤러 에어메일 앤 익스프뤠스 메일

- 빠른우편으로 보내주세요.

  I'd like to send it by express.

  아이드 라잌 투 샌딧 바이 익스프뤠스

- 내용물이 무엇입니까?

  What are the contents?

  왓 아 더 컨텐츠?

- 와인입니다.

  It's a bottle of wine.

  잇츠 어 바를 업 와인

- 조심해서 다뤄주십시오.

  Please handle it with care.

  플리즈 핸들 잇 위드 케어

● 꼭 알아야할 WORD

contents 내용물
bottle 술병

- 이 소포를 보험에 들어주세요.

  I'd like to insure this parcel.

  아이드 라잌 투 인슈어 디스 파슬

- 한국에는 언제쯤 도착할까요?

  How long will it take to get to Korea?

  하우 롱 윌릿 테잌 투 겟 투 코뤼아?

- 한국까지 일주일 이상 걸립니다.

  It will take more than a week to go to Korea.

  잇 윌 테잌 모어 댄 어 위크 투 고 투 코뤼아

- 어떻게 보내겠습니까?

  How do you want it sent?

  하우 두 유 원트 잇 쎈트?

- 가장 빠른 방법으로 보내주세요.

  The fastest way, please.

  더 패스티스트 웨이, 플리즈

- 등기우편으로 보내고 싶습니다.

  I'd like to send this by registered mail.

  아이드 라잌 투 센드 디스 바이 레지스터드 메일

- 이 편지를 한국의 서울로 부치고 싶습니다.

  I'd like to mail this letter to Seoul, Korea.

  아이드 라잌 투 메일 디스 레러 투 서울, 코뤼아

- 이 편지의 우편요금은 얼마입니까?

  What's the postage for this letter?

  왓츠 더 포스티쥐 포 디스 레러?

- 배송 추적을 할 수 있나요?

  Would I be able to track the parcel?

  우드 아이 비 에이벌 투 트랙 더 파이설?

- 어디에서 우표와 엽서를 살 수 있습니까?

  Where can I get stamps and postcards?

  웨어 캔 아이 겟 스템스 앤 포스트카즈?

● 꼭 알아야할 WORD

registered mail 등기우편
postage 우편요금
stamps 우표

- 우편엽서는 얼마입니까?

    How much is a postcard?

    하우 머취 이즈 어 포스트카드?

- 기념우표가 있습니까?

    Do you have any commemorative stamps?

    두 유 해브 애니 커메모레티브 스템프스?

- 사서함을 개설하고 싶습니다.

    I need to get a P.O.Box.

    아이 니드 투 게러 피오 박스

- 주소를 바꾸어도 됩니까?

    Can I get a change of address form?

    캔 아이 게러 췐지 업 어드레스 폼?

● 꼭 알아야할 WORD

commemorative
기념이 되는
P.O. Box 사서함

은행에서

환전을 하거나 송금을 할 경우 은행을 많이 이용한다. 장기체류를 할 경우에는 예금계좌를 개설하여 신용카드나 직불카드(Debit Card)를 이용하는 것이 여러 가지로 편리하다.

MP3 Track 42

- 예금계좌를 개설하고 싶습니다.

  I'd like to open a savings account.

  아이드 라익 투 오픈 어 세이빙스 어카운트

- 10달러로 계좌를 개설할 수 있습니까?

  Can I open an account with 10 dollars?

  캔 아이 오픈 언 어카운트 위드 텐 달러스?

- 어떤 종류의 계좌를 개설하고 싶으십니까?

  What kind of account would you like to open?

  왓 카인덥 어카운트 우쥬 라익 투 오픈?

- 저축예금계좌로 개설하고 싶습니다.

  I'd like to open a savings acccount.

  아이드 라익 투 오프너 세이빙스 어카운트

- 이 계좌에 이자가 붙습니까?

  Is this an interest bearing account?

  이즈 디스 언 인트리스트 베어링 어카운트?

● 꼭 알아야할 WORD

savings account 보통예금
interest 이자

- 수표를 현금으로 바꾸고 싶습니다.
  I want to cash these checks.
  아이 원 투 캐쉬 디즈 첵스

- 뒷면에 서명을 해 주시겠습니까?
  Would you endorse it on the back, please?
  우쥬 엔더스 잇 언 더 백, 플리즈?

- 당신 수표는 부도가 났습니다.
  Your check returned.
  유어 체크 리턴드

- 이것을 잔돈으로 바꿀 수 있습니까?
  Can you break this into small money?
  캔 유 브레익 디스 인투 스몰 머니?

- 환율이 어떻게 됩니까?
  What's the rate of exchange?
  왓츠 더 레이트 오브 익스체인지?

- 외환 환산표가 여기 있습니다.
  Here is the exchange rate table.
  히어 이즈 더 익스체인지 레이트 테이블

- 얼마나 현금으로 바꾸어 드릴까요?
  How much do you want to cash?
  하우 머취 두 유 원 투 캐쉬?

- 어떻게 바꾸어 드릴까요?.
  ### How do you like your money?
  하우 두 유 라익 유어 머니?

> ● 꼭 알아야할 WORD
>
> **endorse**
> ~를 서류 이면에 기입하다
> **ATM card**
> 현금카드

- 소액권으로 바꾸어 주시겠어요?
  ### Can you give me some small bills?
  캔 유 깁미 썸 스몰 빌즈?

- 전부 10달러 짜리로 바꿔 주십시오.
  ### Give me the whole amount in 10 dollar bills.
  깁미 더 호울 어마운트 인 텐 달러 빌스

- 여행자수표를 현금으로 바꾸어 주시겠습니까?
  ### Will you cash this traveler's check for me?
  윌 유 캐쉬 디스 트래블러스 첵 포 미?

- 수표에 이서를 해 주시겠습니까?
  ### Could you endorse this check, please?
  쿠쥬 인도얼스 디스 첵, 플리즈?

- 현금카드를 발급 받을 수 있을까요?
  ### Can I get an ATM card?
  캔 아이 게런 에이티엠 카드?

- 어느 은행과 거래가 있습니까?
  ### Where do you have your bank account?
  웨얼 두 유 해브 유어 뱅크 어카운트?

- 저희 은행에 계좌가 있습니까?

  Do you have an account with us?

  두 유 해브 언 어카운트 위드 어스?

- 신용카드를 신청하고 싶습니다.

  I'd like to apply for a credit card.

  아이드 라잎 투 어플라이 풔러 크레딧카드?

- 카드를 어디에선가 잃어 버렸습니다.

  I lost my credit card somewhere.

  아이 로스트 크레딧 카드 썸웨얼

- 그것은 정지시켜 주시고 새 카드를 보내주세요.

  Put a stop on it and send me a new card.

  풋어 스탑 언잇 앤 샌 미 어 뉴 카드

- 현금지급기를 이용할 때 수수료가 있나요?

  Do you charge for ATM transactions?

  두 유 챠지 포 에이티엠 트랜쎅션즈

- 한국으로 송금을 하고 싶은데요.

  I'd like to send some money to Korea.

  아이드 라잎투 샌드 썸 머니 투 코뤼아

- 송금수수료가 얼마죠?

  What's the remittance charge?

  왓츠 더 뤼미턴스 챠지?

- 계좌를 해지하려고 합니다.

  I want to close my account.

  아이 원 투 클로즈 마이 어카운트

- 이 양식을 작성해 주십시오.

  Could you fill out this form, please?

  쿠 쥬 필 아웃 디스 폼, 플리즈?

- 입금 전표를 작성해 주시겠습니까?

  Could you please fill out this deposit slip?

  쿠 쥬 플리즈 필 아웃 디스 디포짓 슬립?

- 은행은 일요일에 문을 닫나요?

  Does the bank close on Sunday?

  더즈 더 뱅크 클루우즈 언 썬데이?

- 은행이 몇 시에 열죠?

  When does the bank open?

  웬 더즈 더 뱅크 오픈?

- 은행 거래를 하면 절약하게 됩니다.

  A bank account encourages thrift.

  어 뱅크 어카운트 인커뤼쥐 쓰리프트

● 꼭 알아야할 WORD

apply for 신청하다, 지원하다
remittance 송금
encourages 용기를 북돋우다
thrift 절약

인터넷 카페에서

우리나라의 PC방과 같다. 인터넷을 이용하여 저렴한 금액으로 소식을 전하고 정보도 쉽게 얻을 수 있다. 하지만 우리나라처럼 빠르지도 않으며 가격도 시간당 $3~$5 정도로 비싼 편이다.

MP3 Track 43

- 인터넷 카페가 어디에 있나요?

  Where is the internet cafe?

  웨얼 이즈 디 인터넷 캐페?

- 한 시간 동안 인터넷을 사용할 수 있을까요?

  Can I use the internet for one hour?

  캔 아이 유즈 디 인터넷 포 원 아워?

- 미안합니다. 한 10분 정도 기다려야합니다.

  I'm sorry. You have to wait about 10 minutes.

  아임 쏘리. 유 햅투 웨이트 어바웃 텐 미니츠

- 한 시간에 얼마입니까?

  How much is it for one hour?

  하우 머취 이즈 잇 풔 원 아워?

- 인터넷에 어떻게 접속하죠?

  How do I get on the internet?

  하우 두 아이 겟 온 디 인터넷?

- 인터넷이 연결되지 않은 것 같은데요?

  I don't think it's connected to the internet.

  아이 돈ㅌ 씽크 잇츠 콘넥티드 투 디 인터넷

- 이 양식 인터넷에서 구할 수 있나요?

  Are these forms available on the internet?

  아 디즈 폼즈 어베이러블 온 디 인터넷?

- 한글 입력이 가능한가요?

  Is it possible to type in Korean?

  이짓 파씨블 투 타입 인 코뤼안?

- 인터넷에 들어가서 무료 이메일 서비스를 이용하면 됩니다.

  You can get on the internet, and use a free e-mail service.

  유 캔 게런 디 인터넷, 앤 유즈 프리 이메일 써비스

- 전자 우편 주소 좀 알 수 있을까요?

  Can I get your e-mail address?

  캔 아이 겟 유어 이메일 어드레스?

● 꼭 알아야할 WORD

possible 가능한
e-mail address 이메일 주소

- 서울로 이메일을 보내고 싶습니다.

  I'd like to send an e-mail to Seoul.

  아이드 라잌 투 샌드 언 이메일 투 서울

- 이메일 메시지에 이미지 넣는 방법 알아요?

 Do you know how to put an image in the body of an e-mail message?

 두 유 노 하우 투 풋언 이메지 인 더 버디 업 언 이메일 메쎄지?

- 그가 이메일 첨부 파일을 열 수가 없대요.

 He's not able to open our e-mail attachments.

 히즈 낫 에이블 투 오픈 아워 이메일 어테취먼트

- 프린터를 사용할 수 있을까요?

 Can I use a printer, please?

 캔 아이 유즈 어 프린터, 플리즈?

- 이메일 확인할 수 있어요?

 Will you be able to access your e-mail?

 윌 유 비 에이블 투 액쎄스 유어 이메일?

- 마우스가 작동하지 않습니다.

 The mouse isn't working.

 더 마우스 이즌트 워킹

꼭 알아두어야 할 point Word

공중전화 **public phone** 퍼블릭 폰	시내전화 **local call** 로컬 콜
시외전화 **long distance call** 롱 디스턴스 콜	시외국번 **area code** 에어러 코드
기본요금 **basic charge** 베이직 챠쥐	동전 **coin** 코인
전화카드 **telephone card** 텔러폰 카드	국가번호 **country code** 컨트리 코드
속달 **express** 익스프레스	등기 **registered mail** 레지스터드 메일
전보 **telegram** 텔레그램	수취인 **receiver** 리씨버
보내는 사람 **sender** 샌더	우편번호 **zip code** 짚 코드

외국에서 전화거는 방법 Tip

공중전화 : 국제전화카드 구입 후 카드 뒷면에 공중전화에서만 사용하는 전화번호를 누르고 안내음성에 따라 pin번호#+접속번호(없는 것도 있음)+한국국가번호+0생략+전화번호+#을 순서대로 누른다.(등록 후에는 재등록이 필요 없다.)
예 한국 유선으로 전화할 때 : 02)123~3456 → 접속번호+82+2+123456
한국에서 휴대전화로 전화할 때 : 010)1234~5678 →
접속번호+82+10+12345678
※ 사용 후 유효기간이 발생하므로 적당한 금액의 카드를 구입하거나 여행 시 발생하는 동전을 이용한다. 신용카드를 직접 넣고 사용하는 공중전화도 있다.
※ 공중전화는 점점 사라지는 추세로 공항 내, 호텔로비, 주유소, 버스 터미널 등에 있다.

국제전화카드 : 공항에서 직접 구입하거나 인터넷 구입 시 문자메시지로 카드번호를 보내준다. 카드 선택 시 여행지에서 사용이 가능한지와 기본요금, 접속수수료, 과금단위(몇 분 단위로 금액이 책정되는지), 부가세 여부 등을 확인한다. 저렴한 가격만 보고 구입하면 각종 추가 요금 발생과 통화 품질에 문제가 있으므로 주의해야한다. 장점은 유선전화, 공중전화에서 모두 사용가능하며 전화 이용료가 따로 부과되지 않는다.

로밍 Roaming : 스마트폰의 경우 자동 로밍되므로 공항의 각 통신사 고객 센터에서 자신에게 맞는 로밍 요금제를 선택한다. 주로 데이터와 노트북을 사용할 계획이라면 에그(wibro, wifi를 접속할 수 있는 기계)를 대여하는데 에그 한 대당 5대까지 접속 가능하므로 여러 명이 함께 사용할 수 있는 장점이 있다. 단점은 미국, 일본, 대만 등 한정된 국가와 도시라는 점이다. 로밍요금이 부담스럽다면 통신사에 데이터 차단을 요청하고 해외

에서 wifi를 사용한다. 출국 시 전원을 끄는 것도 간단한 방법이다.

Skype : 스카이프의 장점은 노트북과 스마트폰에서 호환이 자유로운 점과 전 세계 회원 간 무제한 무료 통화 가능하다는 점이다. 단점은 통화자 모두 스카이프에 가입해야하고 로그인 상태여야 통화 가능하다. 가입비와 설치비가 없지만 일부 통신사에서는 3G를 통한 스카이프 접속이 차단된다. 일반전화, 비회원과의 통화는 스카이프에서 크레딧을 구입하면 된다.
비슷한 사양의 벨앤톡 등도 있다.
※ 데이터 요금이 비싸기 때문에 출국 전 통신사에 해외데이터 차단을 요청하거나 홈페이지에서 신청하고 와이파이가 되는 공항이나 패스트푸드점에서 사용할 수 있기 때문에 제한적이라는 단점이 있다.

Prepaid mobile phone : 편의점이나 대형마트에서 복잡한 가입 절차 없이 프리페이드폰(선불폰)이나 유심카드를 구입하여 충전한다. 충전 전까지 pin번호가 적힌 영수증을 잘 보관한다. 1년 미만의 단기간 사용자에게 적합하며 번호가 부여되기 때문에 자유롭게 전화를 받을 수 있고 요금제에 따라 문자 서비스도 제공된다. 단, 미국은 수신자와 발신자 모두 돈을 지불해야 한다.

나라별 공중전화

미국의 공중전화
미국 공중전화의 경우 시내통화요금은 보통25센트나 35센트로 지역마다 다르며. 동전 투입 후 사용이 가능하다. 로컬통화는 무제한이다. 공중전화를 이용하여 시외전화를 걸 경우, 먼저 25센트를 넣고 다이얼 0을 누르면 교환원이 나온다. 상대방의 이름과 전화번호를 알려 주면, 기본요금을 가르쳐 준다. 알려준 기본요금을 투입구에 넣어야 통화가 가능해지며, 기본요금이 다 되면, 통화도중에 다시 교환원이 나와 지정요금을 투입하라고 안내해준다. 교환원을 통하지 않고 직접 걸 경우에는 시외지역번호 1을 누르고 계속해서 상대방의 전화번호를 누른 후 사용하면 된다. 호텔전화 호텔 객실에서는 0번을 눌러 교환원이 나오면 부탁하거나 직접 걸 경우는 호텔의 지정 외선번호(inter-Icland call : 대부분 9번)를 누른 다음, 상대방 번호를 누르면 된다.

일본의 공중전화
❶ 국내통화
공중전화를 이용하기 위해서는 동전(10엔,100엔짜리 주화)이나 전화카드가 있어야 한다. 기본요금은 10엔이며 전화카드는 보통 자판기나 편의점에서 손쉽게 구입이 가능하다.
❷ 국제통화
공중전화의 색깔이 녹색, 주황색, 회색이 있다. 녹색은 일본 국내용이며, 국제전화를 사용할 경우 주황색, 회색 전화기를 이용하면 된다. 사용법은 수화기를 들고 10엔(또는 전화카드)를 투입 후, 신호음을 확인하고 카드에 있는 접속번호를 누르고 사용하면 되며, 통화 후 동전은 반환 된다.

중국의 공중전화
중국의 공중전화는 동전전화, 가게공용전화, IC, IP카드 전화와 가게공용전화로 분류가 된다. IC, IP카드는 중국에서 사용범위가 가장 넓은 공용전화이다. 카드전화의 일종인 IC카드는 공중전화에 꽂아서 바로 다이얼하는 방식이며, IP카드는 접속번호를 누른 다음에 안내음성에 따라 카드번호를 누르고, 전화번호를 눌러서 연결하는 방식이다. 또한 길거리 가게나 매점에 '共用電  話' 혹은 '話' 라고 쓰여진 가정용 전화기를 내놓은 곳을 볼 수 있는데 이곳이 공용전화가게이다. 호텔전화 호텔의 지정 외선번호(inter-Icland call : 대부분 9번)를 누른 다음, 상대방 번호를 누르면 되지만 수수료를 가산하는 호텔이 많으니 사용 전 확인하는 것이 좋다.

PART 10 트러블

꼭 알아두면 편한 알짜배기 영어회화

Where is the lost and found?
웨얼 이즈 더 로스트 앤 파운드?

분실물 보관소가 어디에 있습니까?

I have lost my credit card.
아이 해브 로스트 마이 크레딧 카드

신용카드를 잃어버렸습니다.

Someone took my bag.
썸원 툭 마이 백

누가 제 가방을 빼앗아갔어요.

A burglar broke into my room.
어 버글러 브록 인투 마이 룸

방에 도둑이 들어 왔습니다.

Would you send for a doctor?
우쥬 샌드 풔러 닥터?

의사를 불러 주시겠어요?

It's a mild flu.
잇츠 어 마일드 플루

가벼운 독감입니다.

May I have a painkiller?
메아이 해버 페인킬러?

진통제를 주십시오.

How do I take this medicine?
하우 두 아이 테잌 디스 메더슨?

이 약은 어떻게 복용합니까?

분실과 도난

여권을 분실 하였다면? 여행도중 갑자기 몸이 아프다면? 이럴 때 대화가 통하지 않는다면 난감한 일이다. 이럴 경우 어떻게 표현을 해야 하는 지 알아보고 불의의 사고에 대비하자.

MP3 Track 44

- 분실물 보관소가 어디에 있습니까?

  Where is the lost and found?

  웨얼 이즈 더 로스트 앤 파운드?

- 가방을 지하철에 두고 내렸어요.

  I left my bag on the subway.

  아이 레프트 마이 백 온 더 써브웨이

- 여행자 수표를 잃어버렸습니다.

  I have lost my traveler's checks.

  아이 해브 로스트 마이 트레블러스 첵스

- 나는 책을 잃어버렸습니다.

  I lost my book.

  아이 로스트 마이 북

- 신용카드를 잃어버렸습니다.

  I have lost my credit card.

  아이 해브 로스트 마이 크레딧 카드

- 어디서 잃어버렸는지 기억이 안나요.
  I don't remember where I lost it.
  아이 돈트 리멤버 웨얼라이 롯씻

- 경찰에 분실신고를 해야겠어요.
  I must notify the police that it's missing.
  아이 머스트 노리파이 더 폴리스 댓 잇츠 미씽

- 지갑을 소매치기 당했어요.
  My wallet was taken by a pickpocket.
  마이 왈릿 워즈 테이컨 바이 어 픽파킷

- 방에 도둑이 들어 왔습니다.
  A burglar broke into my room.
  어 버글러 브록 인투 마이 룸

● 꼭 알아야할 WORD

notify 신고하다, 통지하다, 알리다
pickpocket 소매치기
burglar 빈집털이범, 도둑

- 누가 제 가방을 빼앗아갔어요.
  Someone took my bag.
  썸원 툭 마이 백

- 나는 현금과 수표를 빼앗겼습니다.
  I was robbed of my cash and cheque-book.
  아이 워즈 랍드 업 마이 캐쉬 앤 체크 북

- 경찰서에 도난신고를 하고 싶은데요.
  I'd like to report the theft to the police.
  아이드 라익 투 리폿 더 쎄프트 투 더 폴리스

- 경찰에 알리는게 좋겠습니다.
  We'd better report it to the police.
  위드 베러 리포트 잇 투 더 폴리스

- 가방 안에 무엇이 들어 있었습니까?
  What did you have in your bag?
  왓 디쥬 햅 인 유어 백?

- 얼굴을 기억하시나요?
  Do you remember his face?
  두 유 리멤버 히즈 페이스?

- 얼굴을 볼 수 없었습니다.
  I didn't see his face.
  아이 디든ㅌ 씨 히즈 페이스

- 어디서 그런 일이 일어났습니까?
  Where did it happen?
  웨어 디드 잇 해픈?

- 차이나 타운입니다.
  In Chinatown.
  인 차이나타운

● 꼭 알아야할 WORD

embassy
대사관

- 한국대사관에 연락을 하고 싶습니다.
  I'd like to contact the Korean Embassy.
  아이드 라잌 투 컨텍 더 코뤼언 엠버씨

병원에서

여행 중 불의의 사고로 인한 부상이나 환경과 음식의 변화로 인한 여러 가지 질병이나 감기, 배탈 등에 걸릴 수 있다. 이럴 때 병원에서 사용할 수 있는 표현을 알아보자.

MP3 Track 45

- 실례합니다. 여기가 접수창구입니까?

  Excuse me, is this the general reception desk?

  익스큐즈 미, 이즈 디스 더 제너럴 뤼셉션 데스크?

- 의사를 불러 주시겠어요?

  Would you send for a doctor?

  우쥬 샌드 풔러 닥터?

● 꼭 알아야할 WORD

appointment
약속, 예약

- 진료 예약을 하고 싶은데요?

  Can I make an appointment?

  캔 아이 메이컨 어포인먼트?

- 얼마나 기다려야 합니까?

  How long should I wait?

  하우 롱 슈다이 웨잇?

- 한국어를 하는 의사가 있습니까?

  Is there a Korean speaking doctor?

  이즈 데어러 코뤼언 스피킹 닥터?

- 배가 아픕니다.

  I have a stomachache.

  아이 해버 스토머에익

- 병원으로 데려가 주시겠어요?

  Could you take me to a hospital?

  쿠쥬 테익 미 투 어 하스피럴?

- 내과에 가려고 하는데요?

  I'd like to see someone in internal medicine?

  아이드 라익 투 씨 썸원 인 인터널 메디슨?

- 가능하면 빨리 진찰을 받고 싶어요.

  I'd like to be examined as soon as possible.

  아이드 라익 투 비 이그재민드 애즈 순 애즈 파써블

- 예약을 안했습니다만, 너무 급합니다.

  I don't have an appointment, but it's urgent.

  아이 돈트 해번 어포인먼트, 벗 잇츠 어젼트

- 보험에 가입되어 있습니까?

    Do you have insurance?

    두 유 해브 인슈어런스?

- ● 꼭 알아야할 WORD

    stomachache 위통, 복통
    internal 내과
    urgent 긴급한, 다급한
    symptom 징후, 조짐, 전조
    temperature 온도, 체온

- 여행자 보험에 들었습니다.

    I have travelers insurance.

    아이 해브 트레블러스 인슈어런스

- 상태를 말씀해 주시겠습니까?

    Can you describe to me how your feel?

    캔 유 디스크라이브 투 미 하우 유어 필?

- 몸이 말을 안들어요.

    I'm beginning to feel my age.

    아임 비기닝 투 필 마이 에이지

- 증세가 어떠세요?

    What are your symptoms?

    왓 아 유어 씸프텀츠?

- 몸살이 났어요.

    I ache all over.

    아이 에이크 올 오버

- 체온을 재겠습니다.

    Let me take your temperature.

    렛 미 테익 유어 템퍼러춰

- 여기를 만지면 아픕니까?

  Does it hurt when I touch here?

  더즈 잇 허트 웬 아이 터치 히어?

- 상태가 어떤가요?

  How do you feel now?

  하우 두 유 필 나우?

- 대단치는 않습니다.

  It's no big deal.

  잇츠 노 빅 딜

- 여행을 계속 할 수 있을까요?

  Can I keep traveling?

  캔 아이 킾 튜레블링?

- 몇 가지 검사를 해봐야겠는데요.

  I'd like to run some tests on you.

  아이드 라잌 투 런 썸 테스츠 언 유

- 입원을 해야겠습니다.

  You need to be hospitalized.

  유 니드 투비 허스피털라이즈드

- 수술을 해야 합니다.

  You need an operation.

  유 니드 언 오퍼레이션

- 진단서를 써 주시겠습니까?

  Would you give me a medical certificate?

  우쥬 김미 어 메디칼 써티퍼킷?

- 어디가 이상하십니까?

  What seems to be the problem?

  왓 씸스 투 비 더 프뢔블럼?

● 꼭 알아야할 WORD

hospitalize 입원시키다
operation 수술
certificate 졸업 증명서, 면허증, 자격증

- 감기 기운이 있어요.

  I'm coming down with a cold.

  아임 커밍 다운 위드 어 콜드

- 가벼운 독감입니다.

  It's a mild flu.

  잇츠 어 마일드 플루

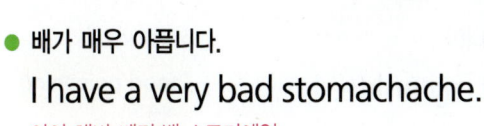

- 열이 있어요.

  I have a fever.

  아이 해버 피버

- 배가 매우 아픕니다.

  I have a very bad stomachache.

  아이 해버 베리 뱃 스토머에익

- 푹 쉬면 나을 겁니다.

  A good rest should cure it.

  어 굿 레스트 슈드 큐어릿

- 두통이 심합니다.
  I have a terrible headache.
  아이 해버 테러블 헤드에익

- 곧 나아질 겁니다.
  You'll soon be better.
  유윌 순 비 베러

- 아직도 몸이 안 좋아요.
  I still don't feel well.
  아이 스틸 돈트 필 웰

- 현기증이 납니다.
  I feel dizzy.
  아이 필 디지

- 식중독인 것 같아요.
  I seemed to have go hen food poisoning.
  아이 씸드 투 해브 고 핸 푸드 포이져닝

- 발목을 삐었습니다.
  I sprained my ankle.
  아이 스프레인드 마이 앵클

● 꼭 알아야할 WORD

food poisoning
식중독
sprained 삐다

- 머리가 깨졌습니다.
  I hurt my head.
  아이 허트 마이 헤드

- 칼에 손을 베었습니다.

  I cut my hand with a knife.

  아이 컷 마이 핸드 위드 어 나이프

- 가래가 많이 나와요.

  I got a lot of phlegm.

  아이 가러 랏 엎 플램

- 저는 치질이 있습니다.

  I have a problem with hemorrhoids.

  아이 해브 어 프라블럼 위드 헤멀로이즈

- 어쩌다가 다치셨습니까?

  How did you get hurt?

  하우 디드 유 겟 허트?

- 계단에서 미끄러져 굴러 떨어졌습니다.

  I slipped and fell down the stairs.

  아이 슬립트 앤 펠 다운 더 스테얼즈

- 몸이 쇠약해졌어요.

  I feel run down.

  아이 필 런 다운

- 빨리 회복되시길 빕니다.

  I hope you'll get well soon.

  아이 홉 유월 겟 웰 순

● 꼭 알아야할 WORD

phlegm 가래, 담, 점액
hemorrhoid 치질, 치핵
run down 지친, 기진맥진한

- 이제 많이 좋아졌어요.

  I feel much better now.

  아이 필 머치 베러 나우

- 몸조리 잘하십시오.

  Take care of yourself, please.

  테잌 케어 업 유어셀프, 플리즈

- 건강이 제일입니다.

  Your health comes first.

  유어 헬스 컴즈 풔스트

약국에서 약을 살 때

MP3 Track 46

- 처방전이 없어도 약을 살 수 있습니까?
  ### Can I buy medicine without a prescription?
  캔 아이 바이 메더슨 위다웃 어 프리스크립션?

- 진통제를 주십시오.
  ### May I have a painkiller?
  메아이 해버 페인킬러?

- 안정제가 필요합니다.
  ### I need a tranquilizer.
  아이 니더 트랜퀄라이져

● 꼭 알아야할 WORD

prescription 처방전
painkiller 진통제
tranquilizer 안정제

- 아스피린이 있습니까?
  ### Can I have some aspirin?
  캐나이 햅 썸 아스피린?

- 페니실린 약이 있습니까?
  ### Do you carry penicillin tablets?
  두 유 캐리 페니실린 테블릿츠?

- 처방전이 없이는 약을 살 수 없습니다.
  ### You can't buy it without a prescription.
  유 캔트 바이 잇 위다웃 어 프리스크립션

- 여기 처방전이 있습니다.

  I have a prescription right here.

  아이 해버 프리스크립션 롸이트 히어

- 약을 조제하는 데 얼마나 걸릴까요?

  How long will it take to prepare my medicine?

  하우 롱 위릿 테잌 투 프리페어 마이 메더션?

- 이 약은 어떻게 복용합니까?

  How do I take this medicine?

  하우 두 아이 테잌 디스 메더션?

- 하루에 몇 알씩 먹어야 합니까?

  How many tablets should I take a day?

  하우 매니 태블릿츠 슈다이 테이커 데이?

- 하루에 두 알씩 세 번 드세요.

  Two pills, three times daily.

  투 필즈, 쓰리 타임즈 데일리

- 식전에 먹나요, 식후에 먹나요?

  Before or after meals?

  비포어 오어 애프터 밀즈?

- 얼마나 자주 복용해야 하나요?

  How often do I take this pill?

  하우 오픈 두 아이 테잌 디스 필?

● 꼭 알아야할 WORD

medicine 약
indigestion 소화불량
burned 데다

- 8시간마다 복용해야 합니다.

  You should take this every eight hours.

  유 슈드 테익 디스 애브리 에잇 아워즈

- 하루에 세 번 식후에 복용하세요.

  Please take these 3 times a day after meals.

  플리즈 테익 디즈 쓰리 타임즈 어 데이 앱터 밀즈

- 생리대가 있습니까?

  Do you carry sanitary napkins here?

  두 유 캐리 세니터뤼 냅킨즈 히어?

- 부작용이 있습니까?

  Are there any side effects?

  아 데어 애니 사이드 이펙츠?

- 소화가 잘 안 됩니다.

  I have indigestion.

  아이 해브 인디제스쳔

- 요리를 하다가 손을 데었어요.

  I burned my hand cooking.

  아이 버언드 마이 핸드 쿠킹

- 꼭 알아야할 WORD

  sanitary napkins
  생리대

꼭 알아두어야 할 point Word

분실 신고서 **lost item report** 로숫 아이텀 리폿	재발행 **reissue** 리슈
지갑 **purse** 퍼스	대사관 **Embassy** 앰버씨
사기 **fraud** 프라우드	소매치기 **snatching** 스내칭
돈 내놔! **Give me your money!** 깁 미 유어 머니!	경찰차 **police car** 폴리스 카
고장 **breakdown** 브레익다운	목격자 **eye-witness** 아이 위트니스
사고 **accident** 액시던트	교통사고 **breakdown** 브레익 다운
구급차 **ambulance** 앰뷸런스	보험증 **insurance policy** 인슈어런스 팔러씨

꼭 알아두어야 할 point word

의사 **doctor** 닥터	병 **sickness** 씨크니스
부상 **injury** 인쥬어리	증상 **symptoms** 심프텀스
외과의사 **surgeon** 서어젼	내과의사 **physician** 피지션
진찰하다 **examine** 이그제민	한기 **chilly** 칠리
현기증 **dizzy** 디지	출혈 **bleeding** 브리딩
알레르기 **allergy** 알러지	통증 **pain** 페인
식중독 **food-poisoning** 푸드 포이즌닝	과음 **drink too much** 드링크 투 머치

PART 11 귀국

꼭 알아두면 편한 알짜배기 영어회화

I'd like to confirm my reservation.
아이들 라잌 투 컨폼 마이 레져베이션

예약을 확인하고 싶습니다.

I'd like to check in, please.
아이드 라잌 투 체크 인, 플리즈

출국 수속을 하고 싶습니다.

Where is 315 gate?
웨얼 이즈 쓰리 원 퐈이브 게이트?

315 게이트가 어디에 있습니까?

I left my camera in the hotel.
아이 레프트 마이 카메라 인 더 호텔

카메라를 호텔에 놓고 왔습니다.

꼭꼭집은 Talk

Can you gift wrap that?
캔 유 기픗 랩 댓?

선물용으로 포장해 주시겠어요?

Where is the seat number 30?
웨어 이즈 더 씻 넘버 써티?

30번 좌석이 어디입니까?

Excuse me, can I get out?
익스큐즈 미, 캔 아이 겟 아웃?

실례입니다만, 좀 나가도 될까요?

Excuse me but this is my seat.
익스큐즈 미 벗 디씨즈 마이 씻

실례지만 여긴 제자리인데요.

비행기 예약의 재확인

귀국 편 항공권 좌석을 예약되어 있는 항공권을 재확인 할 때 해당 항공사 현지 지점에 전화를 하여 전화상으로만 예약 및 재확인을 하면 유효하도록 되어 있다.

MP3 Track 47

- 예약을 확인하고 싶습니다.

    I'd like to confirm my reservation.

    아이드 라잌 투 컨폼 마이 레져베이션

- 이름과 예약번호를 말씀해 주십시오?

    May I have your name and the reservation number?

    메아이 햅 유어 네임 앤 더 레져베이션 넘버?

- 이름은 마이크 킴이고, 예약번호는 3627입니다.

    My name is Mike kim, and the reservation number is 3627.

    마이 네임 이즈 마이크 킴, 앤 더 레져베이션 넘버 이즈 3627

- 명단에 없습니다.

    I don't find your name on the list.

    아이 돈ㅌ 퐈인드 유어 네임 온더 리스트

- 분명히 예약을 했습니다.

    I'm sure that I definitely made a reservation.

    아임 슈어 대다이 데피너틀리 메이드 어 레져베이션

- 미안합니다. 예약이 확인되었습니다.

    I'm sorry. Your reservation is confirmed.

    아임 쏘리. 유어 레져베이션 이즈 컨펌드

- 예약 변경이 가능합니까?

    Is it possible to change my reservation?

    이짓 파써블 투 체인쥐 마이 레져베이션?

- 어떻게 변경하고 싶습니까?

    How would you like to change it?

    하우 우쥬 라익 투 체인짓?

- 비행 날짜를 바꿔 주십시오.

    I want to change my flight date.

    아이 원 투 체인쥐 마이 플라이트 데이트

- 7일의 같은 편으로 하고 싶어요.

    I'd like to fly on the 7th, on the same flight.

    아이드 라익 투 플라이 온 더 세븐쓰, 온 더 세임 플라이트

- 오후 편으로 하고 싶은데요.

    I'd like to take the afternoon flight.

    아이드 라익 투 테익 디 엡터눈 플라이트

● 꼭 알아야할 WORD

definitely
명확히
confirm
확인하다

- 예약을 취소하고 싶은데요.

    I'd like to cancel my reservation.

    아이드 라잌 투 캔슬 마이 레져베이션

- 다른 항공사를 확인해 주십시오.

    Please check other airlines.

    플리즈 쳌 아더 에어라인즈

- 비행기에 좌석이 남아 있습니까?

    Are there any available seats for the flight?

    아 데어 애니 어벨러블 씨츠 포 더 플라이트?

● 꼭 알아야할 WORD

cancelation
취소

- 그 편은 좌석이 모두 찼습니다.

    That flight is fully booked up.

    댓 플라이트 이즈 풀리 북트 엎

- 예약취소가 있으면 알려 주시겠어요?

    Please let me know if there is a cancelation?

    플리즈 렛 미 노우 이프 데어 이즈 어 켄설레이션

- 대기자 명단에 넣어 주십시오.

    Put me on your waiting list, please.

    풋 미 언 유어 웨이팅 리스트, 플리즈

- 아시아나항공 카운터가 어디입니까?

    Where is the Asiana Airline counter?

    웨얼 이즈 더 에이시아나 에어라인 카운터?

- 출국 수속을 하고 싶습니다.
  I'd like to check in, please.
  아이드 라잌 투 체크 인, 플리즈

● 꼭 알아야할 WORD
departure form
출국카드

- 출국 카드가 필요한가요?
  Do you need a departure form?
  두 유 니드 어 디파츄어 폼?

- 출국카드는 어디서 받습니까?
  Where can I get an embarkation card?
  웨어 캔 아이 겟언 엔벌케이션 카드?

- 탑승은 언제 시작 합니까?
  When is the boarding time?
  웬 이즈 더 보딩 타임?

- 315 게이트가 어디에 있습니까?
  Where is 315 gate?
  웨얼 이즈 쓰리 원 파이브 게이트?

- 인천으로 가는 탑승구인가요?
  Is this the gate for Incheon?
  이즈 디스 더 게이트 포 인천

- 신분증을 보여 주시겠어요?
  I need to see your ID card?
  아이 니드 투 씨 유어 아이디 카드?

- 언제 탑승하기로 되어 있죠?

    When is the boarding time?

    웬 이즈 더 보딩 타임?

- 탑승할 시간입니다.

    It's time to board the plane.

    잇츠 타임 투 보오드 더 플레인

호텔에 물건을 놓고 왔을 때

MP3 Track 48

- 호텔로 다시 돌아가 주시겠어요?

    Would you like to go back to the hotel?

    우쥬 라익 투 고우 백 투 더 호텔?

- 카메라를 호텔에 놓고 왔습니다.

    I left my camera in the hotel.

    아이 레프트 마이 카메라 인 더 호텔

- 중요한 것을 놓고 왔습니다.

    I left something very important there.

    아이 레픗 썸씽 베리 임포턴트 데어

- 어디에 두었는지 기억하고 있습니까?

    Do you remember where you left it?

    두 유 리멤버 웨어 유 레프트 잇?

- 서랍에 넣어 두었습니다.

    I put it in the drawer.

    아이 풋 잇 인 더 드로워

공항 면세점에서

이제 떠나기 전에 쓰고 남은 소액의 외화는 면세점에서 가벼운 선물을 마련할 때 사용하도록 한다. 특히 동전은 재환전이 되지 않으므로 모두 사용하는 것이 좋다.

MP3 Track 49

- 면세점은 어디에 있습니까?

  Where is the duty free shop?

  웨얼 이즈 더 듀리 프리 샾?

- 관광객들 사이에 인기있는 기념품은 무엇입니까?

  What souvenirs are popular among tourists?

  왓 수비니어즈 아 파퓰러 어멍 튜어리스츠

- 시바스 리갈 두 병 주십시오.

  I'd like two bottles Chivas Regal.

  아이드 라잌 투 바털스 시바스리갈

- 몇 온스까지 면세가 됩니까?

  How many ounces can be exempted from taxation?

  하우 메니 온씨즈 캔 비 이그젬티드 프럼 텍세이션?

- 담배는 어떻습니까?

    How about cigarettes?

    하우 어바우트 씨가렛츠?

- 선물용으로 포장해 주시겠어요?

    Can you gift wrap that?

    캔유 기픗 랩 댓?

- 상자에 넣어 주시겠어요?

    Can you put this in a box?

    캔유 풋 디스 인 어 박스?

- 탑승권을 보여 주십시오.

    Show me your boarding pass, please.

    쇼미 유어 보딩 패스, 플리즈.

- 여권을 보여 주시겠어요?

    May I see your passport, please?

    메아이 씨 유어 패스포트, 플리즈?

- 한국 돈으로 지불해도 됩니까?

    Is it possible to pay in Korean won?

    이즈 잇 파써블 투 페이 인 코뤼언 원?

- 혹시 세일 하나요?

    Are there any sales?

    아 데어 애니 쎄일즈?

귀국하는 비행기 안에서

MP3 Track 50

- 자리를 찾고 있습니다.
  I'm looking for my seat.
  아임 룩킹 포 마이 씻

- 30번 좌석이 어디입니까?
  Where is the seat number 30?
  웨어 이즈 더 씻 넘버 써티?

- 탑승권을 보여주십시오.
  May I see your boarding pass?
  매아이 씨 유어 보딩패스?

- 저쪽 통로 좌석입니다.
  It's right over there on the aisle.
  잇즈 롸이트 오버 데어 언 디 아일

- 좌석을 좀 바꾸어도 될까요?
  May I change my seat?
  메아이 췌인쥐 마이 씻?

- 다른 빈 좌석이 있나 알아보겠습니다.

  Let me check to see if any seats are available.

  렛 미 첵 투 씨 이프 애니 씻츠 아 어베일러블

- 입국카드 작성법을 모르겠어요.

  Could you explain how to fill out this immigration card to me?

  쿠쥬 익스플레인 하우 투 필 아웃 디스 이머그레이션 카드 투 미?

- 이것이 세관신고서입니다.

  This is the customs declaration form.

  디씨즈 더 커스텀즈 디클레이션 폼

- 실례지만 여긴 제자리인데요.

  Excuse me but this is my seat.

  익스큐즈 미 벗 디씨즈 마이 씻

- 의자 좀 뒤로 젖혀도 될까요?

  May I put my seat back?

  매아이 풋 마이 씻 백?

- 실례입니다만, 좀 나가도 될까요?

  Excuse me, can I get out?

  익스큐즈 미, 캔 아이 겟 아웃?

- 몸이 안 좋은데 약 좀 구할 수 있을까요?

  I feel sick. Can I get some medicine?

  아이 필 씩. 캐나이 겟 썸 메더쓴?

꼭 알아두어야 할 point word

재확인 **reconfirmation** 리컴퍼메이션	웨이팅(대기자) **waiting** 웨이팅
1등석 **first class** 퍼슷 클래스	2등석 **economy class** 이카너미 클래스
항공편 **flight number** 플라잇 넘버	여행사 **travel agent** 트레블 에이젼트
도착시간 **landing time** 랜딩 타임	비행시간 **flying time** 플라잉 타임
출국카드 **embarkation card** 엠바케이션 카드	여권번호 **passport number** 패스폿 넘버
탑승권 **boarding pass** 보딩 패스	탑승구 **boarding gate** 보딩 게잇
승무원 **crew** 크루	현지시간 **current local time** 커런 로컬 타임

귀국하기 전에 알아두어야 할 Tip

● **짐 정리** : 출발하기 전에 맡길 짐과 기내로 갖고 들어갈 짐을 나누어 꾸리고 토산품과 구입한 물건의 품명과 금액 등에 대한 목록을 만들어 두면 좋다.

● **예약 재확인** : 귀국한 날이 정해지면 미리 좌석을 예약해두어야 한다. 또 예약을 해 두었을 경우에는 출발 예정 시간의 72시간 이전에 예약 재확인을 해야 한다. 이것은 항공사의 사무소나 공항 카운터에 가든지 아니면 전화로 이름, 연락 전화번호, 편명, 행선지를 말하면 된다. 재확인을 안 하면 예약이 취소되는 경우도 있으므로 주의해야 한다.

● **E-ticket** : 항공권 구매 확인증으로 항공권을 직접 예매하면 이티켓이 발급되는데 출발 당일 날 출력된 e-ticket을 가져간다.

● **Boarding pass** : 항공권으로 항공사 카운터에서 티켓팅할 때 e-ticket과 교환한다. e-ticket은 항공권이 아니므로 반드시 보딩패스를 받아야 한다. 보딩패스에는 탑승자명, 비행기편명, 노선과 탑승게이트, 지정좌석, 탑승시간 등이 표시되어 있다.

● 항공사 카운터에서 체크인(최종확인, 좌석 확정 작업으로 무인 자동 체크인도 있음)할 때 e-ticket과 여권을 제시하면 보딩패스를 발급해준다. 수하물 부칠 것이 있다면 체크인하면서 같이 수속하면 되는데 규격이나 무게가 기준 초과되면 추가 요금이 발생한다. 시간적 여유가 있다면 수속이 끝난 뒤 카운터 부근에서 잠시 대기하는데 수하물 엑스레이에서 문제가 발생하면 바로 대처가 가능하기 때문이다.

● 보딩패스와 여권을 가지고 출국장으로 들어간다. 출국장에서 가방 엑스레이와 금속탐지 등의 보안 검색 후 출국 심사관에게 출국신고서와 여권을 제시하면 신고서를 회수하고 여권에 도장을 찍어주면 통과된다. 보통 출국 시에는 따로 질문을 하지 않는다. 출국심사 후 면세점을 돌아보면 된다.

● 보딩패스에 기재된 시간 전에 게이트로 이동한다. 탑승 게이트를 확인하고 전광판에 연착 여부와 시간 등이 안내되니 수시로 확인한다. 비행기 안에서 승무원이 나눠주는 여행자 휴대품신고서를 작성하면 되는데 개인당 1장, 가족일 경우 가족당 1장만 작성하면 된다. 신고물품이 없어도 꼭 작성해야 하고 일부 국가(동남아시아, 남아메리카, 아프리카 등)는 검역질문서도 작성한다.

● 비행기에서 내려 도착(Arrival)표지판을 따라가면 입국 심사대가 나오는데 자국민은 입국신고서를 작성하지 않고 여권만 제시하면 된다. 대한민국 여권 위조 급증으로 얼굴 대조와 질문 등이 있을 수 있으니 적극 협조한다. 입국심사를 마치고 전광판을 통해 수하물 수취대 번호를 확인 후 1층으로 이동한다.

● 수하물은 비행기에서 내려 엑스레이를 통과해서 나오기 때문에 시간이 좀 걸린다. 만약 수하물이 나오지 않으면 분실수하물 카운터를 찾아간다. 수하물을 찾아 출구로 나오면서 직원에게 세관신고서를 제출한다.
※ 면세점과 해외에서 구입한 물건은 미화 400불을 초과하면 세관 신고를 한다.

기내 방송 표현

이륙방송 안내

- **Ladies and gentlemen, this is the captain speaking.**
  승객 여러분, 저는 이 비행기의 기장입니다.

- **There's going to be a slight delay before we take off.**
  이륙하기 전에 약간의 지체가 있겠습니다.

- **We will be taking off shortly.**
  곧 이륙하겠습니다.

- **Please return to your seats and fasten your seat belts.**
  승객 여러분은 자리로 돌아가셔서 안전벨트를 착용하여 주시기 바랍니다.

- **This is a nonsmoking flight.**
  비행기 내에서는 금연입니다.

도착방송 안내

- **We will be arriving at Incheon International Airport in a few minutes.**
  이제 몇 분 후에 목적지인 인천국제공항에 도착할 것입니다.

- **We apologize for the delay.**
  지연되어 죄송합니다.

- **We hope you had a pleasant flight.**
  즐거운 비행이 되셨기를 바랍니다.

- **Thank you for flying NY Airlines.**
  저희 NY항공을 이용해 주셔서 감사합니다.

- **We look forward to serving you again.**
  다시 모시게 되길 바라겠습니다.

- **Thank very much.**
  대단히 감사합니다.

PART 12 기본인사

꼭 알아두면 편한 알짜배기 영어회화

How are you doing?
하우 아 유 두잉?

어떻게 지내십니까?

Nice to meet you.
나이스 투 미츄

만나서 반가워요.

It's been a long time.
잇츠 빈 어 롱 타임

오랜만입니다.

What do they call you?
왓 두 데이 콜 유?

어떻게 불러야 하나요?

See you again.
씨 유 어겐

다시 봐요.

You look great.
유 룩 그레이트

좋아 보이십니다.

How are you getting along?
하우 아 유 겟팅 어롱?

요즘 어떻게 지내세요?

What has kept you so busy?
왓 해즈 켑튜 소 비지?

무엇 때문에 그렇게 바쁘십니까?

기본적인 인사말

MP3 Track 51

- 안녕!
  Hi! / Hello!
  하이! / 헬로우!

- 안녕, 잘 지내요?
  Hi, how are you?
  하이, 하우 아 유?

- 안녕 하세요.(오전)
  Good morning.
  굿 모닝

- 안녕 하세요.(오후)
  Good afternoon.
  굿 앱터누운

- 안녕 하세요.(저녁)
  Good evening.
  굿 이브닝

- 안녕히 주무세요.
  Good night.
  굿 나잇

- 어떻게 지내십니까?

  How are you doing?

  하우 아 유 두잉?

- 저도 만나서 반가워요.

  I'm pleased to meet you, too.

  아임 플리즈드 투 미츄, 투

- 사업은 잘되시나요?

  How is your business going?

  하우 이즈 유어 비즈니스 고잉?

- 무슨 좋은 일이 있나요?

  Did you get some good news?

  디쥬 겟 섬 굿 뉴스?

- 별일 없으시죠?

  What's new with you?

  왓츠 뉴 위듀?

- 어디 가세요?

  Where are you going?

  웨얼 아유 고잉?

● 꼭 알아야할 tip

how is+사람+doing?
~은 어떻게 지내십니까?
how is+명사+going?
~은 어떻게 되어 갑니까?

처음 만났을 때

- 처음뵙겠습니다.
  How do you do.
  하우 두 유 두

- 만나서 반가워요.
  Nice to meet you.
  나이스 투 미츄

- 저도 만나서 반갑습니다.
  Nice to meet you, too.
  나이스 투 미츄, 투

- 제 소개를 하겠습니다.
  Let me introduce myself.
  렛 미 인트러듀스 마이셀프

- 저는 마이크 리입니다.
  My name is Mike Lee.
  마이 네임 이즈 마이크 리

- 이름을 확실히 못 들었습니다.
  I didn't quite catch your name.
  아이 디든트 콰이트 캐취 유어 네임

- 얘기 많이 들었습니다.
  I've heard a lot about you.
  아이브 허드 어 랏 어바웃 유

- 만나 뵙고 싶었습니다.
  I want to see you.
  아이 원 투 씨 유

- 만나 뵙게 되어 영광입니다.
  I'm honored to meet you.
  아임 아너드 투 미트 유

- 저도 그렇습니다.
  Same here.
  세임 히어

- 친숙해 보이시네요.
  You look very familiar.
  유 룩 베리 페밀리어

- 전에 만난 적이 있나요?
  Haven't we met before?
  해븐트 위 멧 비퓌?

- 어디서 오셨습니까?
  Where are you from?
  웨얼 아 유 프럼?

● 꼭 알아야할 WORD

introduce 을 소개하다
honored 명예로운
familiar 잘 알려진, 낯익은

- 저는 캐나다에서 왔습니다.
  I'm from Canada.
  아임 프럼 캐너더

- 성함을 알 수 있을까요?
  Could I have your name, please?
  쿠드 아이 해브 유어 네임, 플리즈?

- 이것은 제 명함입니다.
  This is my business card.
  디스 이즈 마이 비즈니스 카드

- 어떻게 불러야 하나요?
  What do they call you?
  왓 두 데이 콜 유?

- 죄송합니다. 성함을 잘 못 들었습니다.
  I'm sorry. I didn't get your name.
  아임 쏘리. 아이 디든ㅌ 겟 유어 네임

- 별명이 있나요?
  Do you have a nickname?
  두 유 해버 닉네임?

● 꼭 알아야할 WORD

business card 명함
nickname 별명

대답을 할 때

MP3 Track 53

- 잘 지냅니다. 당신은요?
  I'm fine thank you. And you?
  아임 퐈인 땡큐. 앤쥬?

- 좋아요, 당신은요?
  Fine, and you?
  퐈인, 앤 유?

- 잘 지냅니다.
  I'm doing great.
  아임 두잉 그레잇

- 잘 지내요.
  I'm very well.
  아임 베리 웰

- 모두 잘 지내요.
  They are all very well.
  데이 아 올 베리 웰

- 아주 좋아요. 고마워요.
  Pretty good, thanks.
  프뤼티 굿, 땡스

- 좋지 않아요.
  Not good.
  낫 굳

- 몸이 별로 안 좋아요.
  I don't feel well.
  아이 돈트 필 웰

- 그저 그래요.
  so so.
  쏘오 쏘

- 그럭저럭 지냅니다.
  So far so good.
  쏘 파 쏘 굿

- 모든 것이 좋아요.
  Everything's fine.
  에브리씽스 퐈인

- 별일 없습니다.
  Nothing much.
  낫씽 머취

헤어질 때

- 안녕.
  Good bye. / Bye.
  굿 바이 / 바이

- 안녕.
  See you.
  씨 유

- 다시 봐요.
  See you again.
  씨 유 어겐

- 또 만나요.
  Let's meet again.
  렛츠 밋 어겐

- 다음에 봐요.
  See you later.
  씨 유 레이터

- 다음에 뵙겠습니다.
  See you around.
  씨 유 어롸운드

- 그럼 또 뵙겠습니다.

  Be seeing you.

  비 씨잉 유

- 언제 만날까요?

  When can we meet?

  웬 캔 위 밋?

- 조만간에 보러 오십시오.

  Please come and see me sometime.

  플리즈 컴 앤 씨 미 썸타임

- 몸조심 하세요.

  Take care.

  테일 케이

- 내일 또 봐요.

  See you tomorrow.

  씨 유 투모로우

- 좋은 시간 보내세요.

  Have a good time.

  해버 굳 타임

- 즐거운 하루 보내세요.

  Have a good day.

  해버 굳 데이

● 꼭 알아야할 WORD

sometime
언젠가, 어떤 때, 근간에
take care
조심하다, 주의하다

- 조심해 가세요.

  Take it easy.

  테잌 잇 이지

- 조만간 또 봐요.

  Let's meet again soon.

  렛츠 밋 어겐 순

- 이젠 가야겠어요.

  I have to go now.

  아이 햅튜 고 나우

- 다시 만나길 바랍니다.

  I hope I can see you again.

  아이 홉 아이 캔 씨 유 어겐

- 이제는 가야해요.

  I must say good bye.

  아이 머스트 쎄이 굿바이

오랫만에 만났을 때

- 이게 얼마만이에요?
  How long has it been?
  하우 롱 해즈 잇 빈?

- 다시 만나서 반갑습니다.
  It's good to see you again.
  잇츠 굿 투 씨 유 어게인

- 오랜만입니다.
  It's been a long time.
  잇츠 빈 어 롱 타임

- 오랜만입니다.
  Long time no see.
  롱 타임 노 씨

- 오랜만에 만나 뵙는군요.
  I haven't seen you in years.
  아이 해븐트 씬 유 인 이얼스

- 정말 세상 좁군요.
  What a small world.
  와러 스몰 월드

- 여기서 당신을 만나다니!

    Fancy meeting you here!

    휀씨 미팅 유 히어

- 이렇게 기쁠 수가!

    What a pleasant surprise!

    왓 어 플레즌트 써프라이즈

- 좋아 보이십니다.

    You look great.

    유 룩 그레이트

- 요즘 어떻게 지내세요?

    What have you been up to lately?

    왓 해뷰 빈 업 투 레이틀리?

- 이곳엔 오랜만이시네요.

    You've been quite a stranger these days.

    유브 빈 콰이러 스트렌져 디즈 데이즈

- 우연히 만나 뵈어서 반갑습니다.

    I'm glad I bumped into you.

    아임 글래드 아이 범프트 인투 유

- 정말 몰라 뵙겠습니다.

    I hardly know you.

    아이 하들리 노 유

- 요즘 어떻게 지내세요?

  How are you getting along?

  하우 아 유 겟팅 어롱?

- 무엇 때문에 그렇게 바쁘십니까?

  What has kept you so busy?

  왓 해즈 켑튜 소 비지?

- 다시 당신 목소리 들으니까 반가워요.

  It's nice to hear from you again.

  잇츠 나이스 투 히어 프럼 유 어게인

- 여긴 어떻게 오셨어요?

  What brought you here?

  왓 브롯 뉴 히어?

- 여긴 웬일이세요?

  What are you doing here?

  왓 아유 두잉 히어?

- 갑자기 이름이 생각나지 않네요.

  Your name just doesn't come to me.

  유어 네임 져스트 더즌트 컴 투 미

PART 13 감사와 사과

감사를 표현할 때

MP3 Track 56

- 감사합니다.

  Thanks. / Thank you.

  땡스 / 땡 큐

- 대단히 감사합니다.

  Thank you very much.

  땡 큐 베리 머취

- 당신의 친절에 감사합니다.

  Thank you for your kindness.

  땡 큐 포 유어 카인니스

- 도와주셔서 감사합니다.

  Thank you for your help.

  땡 큐 포 유어 헬프

- 감사 합니다만 사양하겠습니다.

  No, thanks, I'd better not.

  노 땡스, 아이드 베러 낫

- 진심으로 감사합니다.

  I heartily thank you.

  아이 하틸리 땡큐

- 도움이 돼서 기쁩니다.
  I'm happy to help out.
  아임 해피 투 헬프 아웃

- 뭐라고 감사를 드려야 할지 모르겠군요.
  I don't know how to thank you enough.
  아이 돈트 노우 하우 투 땡큐 이너프

- 어쨌든 감사합니다.
  Thank you anyway.
  땡큐 에니웨이

- 정말 친절하십니다.
  That's very kind of you.
  댓츠 베리 카인 어뷰

- 모든 것이 감사합니다.
  Thank you for everything.
  땡큐 포 에브리씽

- 감사드립니다.
  I appreciate it.
  아이 어플리쉬에이릿

- 시간을 내줘서 감사합니다.
  Thank you for your time.
  땡큐 포 유어 타임

● 꼭 알아야할 WORD

kindness 친절, 상냥함
appreciate
~의 진가를 알다, 가치를 인정하다

- 천만에요.
You're welcome.
유어 웰컴

- 괜찮습니다.(미안합니다의 대답)
That's all right.
댓츠 올 롸잇

- 더 할 나위 없이 좋습니다.
It couldn't be better.
잇 쿠든ㅌ 비 베러

- 신세가 많았습니다.
You were a big help.
유 워러 빅 헬프

- 당신에게 신세를 졌습니다.
I owe you.
아이 오우 유

- 얼굴이 빨개지네요.
Don't make me blush.
돈ㅌ 메익미 블러쉬

- 별 말씀을.
Don't mention it.
돈ㅌ 멘션 잇

- 그렇게 말씀하시니 고맙습니다.

  How kind of you to say so.

  하우 카인 어브 유 투 세이 쏘

- 환대에 감사드립니다.

  Thank you for your hospitality.

  땡큐 포 유어 허스피텔러티

- 칭찬해 주셔서 감사합니다.

  Thank you for compliment.

  땡큐 포 컴프러먼트

- 뭐라고 감사를 드려야 할지 모르겠군요.

  I can't thank you enough.

  아이 캔트 쌩큐 이너프

- 감사하실 것까진 없어요.

  No need to thank me.

  노 니드 투 쌩스 미

● 꼭 알아야할 WORD

blush
얼굴을 붉히다,
(얼굴이) 붉어지다
hospitality
환대, 친절히
compliment
찬사

사과를 할 때

- 죄송합니다.
  I'm sorry.
  아임 쏘뤼

- 정말 미안합니다.
  I'm so sorry.
  아임 쏘 쏘뤼

- 그 점 미안합니다.
  I'm sorry about that.
  아임 쏘뤼 어바웃 댓

- 실례했습니다.
  Excuse me.
  익스큐즈 미

- 잠깐 실례하겠습니다.
  Excuse me for a moment.
  익스큐즈 미 포 어 모먼트

- 제 잘못입니다.
  It's my fault.
  잇츠 마이 폴트

- 당신 잘못이 아닙니다.

  That's not your fault.

  댓츠 낫 유어 폴트

- 늦어서 죄송합니다.

  I'm sorry to be late.

  아임 쏘리 투 비 레이트

- 귀찮게 해서 죄송합니다.

  I'm sorry to bother you.

  아임 쏘리 투 바더 유

- 귀찮게 해서 죄송합니다.

  Sorry for the trouble.

  쏘리 포 더 트러블

- 신경 쓰지 마세요.

  Never mind.

  네버 마인

- 걱정하지 마세요.

  Don't worry about it.

  돈트 워리 어바우릿

- 천만에요.

  Not at all.

  낫 애 롤

● 꼭 알아야할 WORD

bother
괴롭히다
trouble
걱정, 고민, 난처함

- 제가 실수했습니다.

    I made a mistake.

    아이 메이드 어 미스테일

- 실수해서 정말 죄송합니다.

    I'm really sorry for the mistake.

    아임 리얼리 쏘리 포 더 미스테일

- 다음엔 잘하겠습니다.

    Next time I will get it right.

    넥스트 타임 아윌 게릿 롸이트

- 사과드립니다.

    I apologize to you.

    아이 팔러자이즈 투 유

- 기다리게 해서 죄송합니다.

    I'm sorry to keep you waiting.

    아임 쏘리 투 키퓨 웨이팅

- 용서해 주십시오.

    Please forgive me.

    플리즈 풔김미

- 오로지 제 탓입니다.

    I can only blame myself.

    아이 캔 온리 블레임 마이쎌프

- 당신을 용서하겠어요.
  You are forgiven.
  유어 포기븐

- 문제 없습니다.
  No problem.
  노 프라블럼

- 고의로 그런 것이 아닙니다.
  My intentions were good.
  마이 인텐션스 워 굳

- 대단히 죄송합니다.
  I deeply apologize.
  아이 디플리 어폴로자이즈

- 저의 사과를 받아 주십시오.
  Please accept my apologize.
  플리즈 어쎕 마이 어폴로자이즈

- 제가 깜박 잊었습니다.
  It slipped my mind.
  아이 슬립트 마이 마인드

● 꼭 알아야할 WORD

apologize
사과하다
blame
나무라다, 비난하다
intentions
목적, 의도

양해와 부탁

MP3 Track 58

- 잠깐 실례하겠습니다.

    Excuse me for a moment.

    익스큐즈 미 포러 모먼트

- 창문 좀 열어도 괜찮을까요?

    Do you mind if I open the window?

    두 유 마인드 이프 아이 오픈 더 윈도우?

- 담배를 피우면 안될까요?

    Do you mind if I smoke?

    두 유 마인드 이프 아이 스모크?

- 휴대폰 좀 사용해도 될까요?

    May I use your cell phone?

    메아이 유즈 유어 셀 폰?

- 지나가도 될까요?

    May I pass by?

    메아이 패스바이?

- 볼펜 좀 빌려주시겠어요?

    May I borrow a ball-point pen?

    메아이 바로우 어 볼포인트 펜?

- 부탁이 하나 있는데요?

    May I ask a favor of you?

    메아이 에스크 어 훼이버 업 유?

- 시간 좀 내 주시겠어요?

    Could you spare me a few minutes?

    쿠쥬 스페어 미 어 퓨 미닛츠?

- TV 좀 꺼 주시면 고맙겠습니다.

    I'll thank you to turn off the TV.

    아일 쌩스유 투 턴 엎 더 티브이

● 꼭 알아야할 WORD

spare
용서하다, 아끼다, 할애하다
favor
호의, 친절, 친절한 마음

- 뭐라고 하셨죠?

    I beg your pardon?

    아이 백 유어 파던?

- 부탁을 드려도 될까요?

    Can I ask you a favor?

    캔 아이 에스크 유 어 훼이버?

- 뭘 먹고 싶은데요.

    I want something to eat.

    아이 원 썸띵 투 잇

- 맥주 한 잔 더 주시겠어요?

    Could you give me another glass of beer?

    쿠쥬 김미 어나더 글래스 업 비어?

- 여기에 앉아도 될까요?

  May I sit here?

  메이 아이 씻 히어?

- 저와 함께 가시겠어요?

  Would you like to join me?

  우쥬 라잌투 죠인 미?

- 잡지를 가져다 주시겠어요?

  May I have a magazine?

  메아이 해버 매거진?

- 도와주시겠어요?

  Can you help me?

  캔 유 헬 미?

- 누가 좀 도와주시겠어요?

  Can anybody help me?

  캔 에니바디 헬 미?

- 무엇을 도와 드릴까요?

  What can I do for you?

  왓 캔 아이 두 포 유?

- 어떻게 도와 드릴까요?

  How can I help you?

  하우 캔 아이 헬퓨?

- 제 자리 좀 봐 주시겠어요?

    Can you save my place?
    캔 유 세이브 마이 플레이스?

- 주소 좀 가르쳐 주시겠어요?

    May I have your address?
    메아이 해브 유어 어드뤠스?

- 이 가방 좀 들어주시겠어요?

    Could you help me with this bag?
    쿠쥬 헬 미 윗 디스 백?

- 제가 도와 드릴까요?

    Do you want me to help you?
    두 유 원 미 투 헬퓨?

- 제가 해 드리겠습니다.

    Let me do it for you.
    렛 미 두 잇 포 유

● 꼭 알아야할 WORD

magazine 잡지
anybody 누군가, 아무도

다시 물어볼 때

MP3 Track 59

- 뭐라고 하셨죠?

    Excuse me?/ Pardon me?

    익스큐즈 미? / 파든 미?

- 잘 못 알아들었어요.

    I don't understand.

    아이 돈트 언더스탠

- 다시 한 번 말씀해 주시겠어요?

    Could you say that again, please?

    쿠쥬 쎄이 댓 어게인, 플리이즈?

- 잘 알아듣지 못했습니다.

    I didn't catch your words.

    아이 디든트 캐취 유어 워즈

- 조금 천천히 말씀해 주실래요?

    Could you speak more slowly, please?

    쿠쥬 스픽 모어 슬로우리, 플리이즈?

- 그게 무슨 뜻이죠?

    What does that mean?

    왓 더즈 댓 미인?

350

- 무슨 뜻인지 이해하시겠어요?

  Do you understand the meaning?

  두 유 언더스탠 더 미닝?

- 당신이 한 말을 써 주실래요?

  Could you write down what you said?

  쿠쥬 롸잇 다운 왓 유 세드?

- 이해가 됩니다.

  It makes sence to me.

  잇 메익스 센스 투 미

- 철자가 어떻게 되죠?

  How do you spell it?

  하우 두 유 스펠 잇?

- 아, 이제 알겠어요.

  Oh, I see.

  오, 아이 씨

- 간단히 말씀해 주시겠어요.

  Please put it more simply.

  플리즈 푸릿 모어 심플리

● 꼭 알아야할 WORD

catch 잡아내다
understand 이해하다
simply 간단히

물어볼 때

● 지금 몇 시죠?
What time is it now?
왓 타임 이즈 잇 나우?

● 지금 무엇을 하고 있죠?
What are you doing now?
왓아유 두잉 나우?

● 이름이 뭡니까?
What's your name?
왓츠 유어 네임?

● 이 전화는 어떻게 사용하죠?
How do I use this phone?
하우 두 아이 유즈 디스 포운?

● 전화번호는 몇 번인가요?
What's your phone number?
왓츄어 폰 넘버?

● 누구에게 물어봐야 하죠?
Who should I ask?
후 슈다이 에스크?

- 무엇을 찾고 있습니까?

    What are you looking for?

    왓 아 유 룩킹 포?

- 화장실이 어디에 있죠?

    Where is the rest room?

    웨얼 이즈 더 레스트 룸?

- 공항까지는 먼가요?

    How far is it to the airport?

    하우 파 이즈 잇 투 디 에어포트?

- 이것은 무엇에 쓰는 것입니까?

    What's this for?

    왓츠 디스 포?

- 저건 뭐죠?

    What's that?

    왓츠 댓?

- 무슨 일을 하십니까?

    What do you do?

    왓 두 유 두?

- 어느 쪽이죠?

    Which way?

    위치 웨이?

● 꼭 알아야할 WORD

phone
전화, 전화기, 수화기
rest room
화장실

- 몇 개입니까?

  How many?

  하우 매니?

- 어디 출신입니까?

  Where are you from?

  웨얼 아 유 프럼?

- 입구가 어디입니까?

  Where's the entrance?

  웨어즈 디 엔트런스?

- 여기가 어디입니까?

  Where are we?

  웨얼 아 위?

- 그건 어디서 살 수 있습니까?

  Where can I buy it?

  웨얼 캔 아이 바이 잇?

- 저는 이 지도의 어디에 있습니까?

  Where am I on this map?

  웨얼 엠 아이 언 디스 맵?

- 어디에서 얻을 수 있습니까?

  Where can I get it?

  웨얼 캔 아이 게릿?

● 꼭 알아야할 WORD

entrance
입장, 입구
cost
값, 비용, 대가, 희생, 손실

- 가격이 얼마입니까?

  How much does it cost?

  하우 머취 더즈 잇 코스트?

- 이 넥타이는 얼마입니까?

  How much is this tie?

  하우 머취 이즈 디스 타이?

- 입장료가 얼마입니까?

  How much is it to get in?

  하우 머취 이즈 잇 투 겟인?

- 몇 살입니까?

  How old are you?

  하우 올드 아 유?

- 자리가 몇 개 비어 있습니까?

  How many seats are available?

  하우 매니 씻츠 아 어베일러블?

- 몇 분이십니까?

  For how many people, please.

  포 하우 매니 피플, 플리즈

- 2인석이 있습니까?

  Do you have a table for two?

  두 유 해버 테이블 포 투?

- 오늘 밤 빈방이 있습니까?

  Do you have a room for tonight?

  두 유 해버 룸 포 투나잇?

- 조금 더 큰 것이 있나요?

  Do you have a larger one?

  두 유 해버 라줘 원?

● 꼭 알아야할 WORD

payphone
공중전화
sightessing map
관광지도

- 흰색 티셔츠가 있습니까?

  Do you have a shirt in white?

  두 유 햅 어 셔츠 인 화잇?

- 공중전화가 있나요?

  Do you have a payphone?

  누 뉴 해버 페이폰?

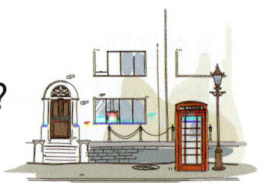

- 관광지도가 있습니까?

  Do you have a sightseeing map?

  두 유 해버 싸잇씽 맵?

요구를 할 때

MP3 Track 61

- 계산을 부탁합니다.
  Check, please.
  첵, 플리즈

- 주문 부탁합니다.
  Order, please.
  오더, 플리즈

- 부탁이 있습니다.
  Could you do me a favor?
  쿠쥬 두 미 어 페이버?

- 꼭 하나 부탁드릴 게 있습니다.
  I have a big favor to ask you?
  아이 해버 빅 페이버 투 에스큐?

- 이거 하나 주시겠어요?
  Can I have this one?
  캔 아이 해브 디스 원?

● 꼭 알아야할 WORD

favor
부탁

- 맥주를 주십시오.
  Can I have a beer?
  캔 아이 해버 비어?

- 이걸 주세요.
  # I'll take it.
  아일 테이킷

- 지금 어디에 있는지 가르쳐 주시겠어요?
  # Could you show me where I am now?
  쿠쥬 쇼 미 웨어 아이 엠 나우?

- 사무실까지 태워 주시겠어요?
  # Would you take me to the office?
  우쥬 테잌 미 투 더 오피스?

- 잠깐 여쭤봐도 될까요?
  # May I ask you something?
  메이이 에스큐 썸씽?

- 여기에 앉아도 될까요?
  # May I sit here?
  메아이 씻 히어?

- 여기서 담배를 피워도 될까요?
  # May I smoke here?
  메아이 스모크 히어?

- 담배를 피워도 괜찮겠습니까?
  # Do you mind if I smoke?
  두 유 마인 이퐈이 스목?

- 안으로 들어가도 될까요?
  ### May I come in?
  메아이 커민?

- 창문을 열어도 될까요?
  ### May I open the window?
  메아이 오픈 더 윈도우?

- 옆에 앉아도 될까요?
  ### May I sit next to you?
  메아이 씻 넥스트 투 유?

- 이것을 가져도 될까요?
  ### Can I take this?
  캔 아이 테잌 디스?

● 꼭 알아야할 WORD

May I ask
~ 해도 될까요?

- 방을 봐도 될까요?
  ### Can I see the room?
  캔 아이 씨 더 룸?

- 카드로 지불해도 됩니까?
  ### Can I pay with a credit card?
  캔 아이 페이 위드 어 크레딧 카드?

긴급 상황일 때

- 도와주세요!

    Help me!/ Help!

    헬 미! / 헬프!

- 긴급상황입니다!

    I have an emergency!

    아이 해번 이머젼시!

- 큰일 났습니다.

    It's an emergency!

    잇츠 언 이머젼시!

- 여권을 잃어버렸어요.

    I've lost my passport.

    아이브 로스트 마이 패슷포트

- 경찰에 분실신고를 해야겠습니다.

    I must notify the police it's missing.

    아이 머스트 노티파이 더 폴리스 잇츠 미씽

- 한국 대사관에 연락 좀 해 주세요.

    Please, call the Korean Embassy.

    플리즈, 콜 더 코뤼언 엠버씨

- 한국말을 할 수 있는 사람을 불러주세요.

  Could you call for a Korean speaker?

  쿠쥬 콜 포러 코뤼언 스피커?

- 아주 중요한 일이에요.

  It's a very important matter.

  잇츠 어 베리 임포턴트 메러

● 꼭 알아야할 WORD

emergency 긴급
notify 신고하다
injured 상처입음

- 교통사고를 당했습니다.

  I was in a car accident.

  아이 워즈 이너 카 액시던

- 다친 사람이 있어요.

  There is an injured person here.

  데어리즈 언 인줘드 퍼슨 히어

- 사고를 냈습니다.

  I had an accident.

  아이 해드 언 액시던

- 경찰을 불러주세요.

  Call the police, please.

  콜 더 폴리스, 플리즈

헷갈리기 쉬운 콩그리쉬 / Konglish

헷갈리기 쉬운 콩그리쉬

한글	Konglish	English
가스레인지	gas range	gas stove
개그맨	gagman	comedian/comic
개런티	guarantee	performance fee
검은 눈동자	black eyes	dark brown eyes
골덴	golden	corduroy
골인	goal in	goal
그랜드 오픈	grand open	grand opening
그룹사운드	group sound	band
노골	no goal	no point
노트(공책)	note	notebook
디씨	D.C.	discount
레몬티	lemon tea	tea with lemon
레미콘	remicon	ready-mixed concrete
로고 송	logo song	thema song
로스 타임	loss time	injury time
롱코트	long coat	over coat
리어카	rear car	handcart
리포트(과제)	report	paper/essay
린스	rinse	hair conditioner
마니아	mania	buff/lover
마이크	mic	microphone
매너	manner	manners
매니큐어	manicure	nail polish
매스컴	masscom	the media
맨투맨	man to man	one-on-one

메스	mess	scalpel
메이커	maker	brand
멘트	ment	comment
모닝콜	morning call	wake-up-call
모래시계	sand clock	sandglass
목욕가운	bath gown	bathrobe
무스탕	mustang	leather jacket
미션 오일	mission oil	transmission fluid
미스(실수)	miss	mistake
미싱(재봉틀)	missing	sewing machine
미팅	meeting	blind date
믹서기	mixer	blender
바겐세일	barain sale	sale
바바리	Burberry	trench coat
바톤터치	baton touch	baton pass
백패스	back pass	pass back
백넘버	back number	player's number
백뮤직	back music	background music
백밀러	back-mirror	rear view mirror
본드	bond	glue/adhesive
볼펜	ball pen	ballpoint pen
봉고차	bongo	van/minibus
비닐봉지	vinyl bag	plastic bag
비닐하우스	vinyl house	vinyl greenhouse
비디오	VTR	VCR
비치파라솔	beach parasol	beach umbrella
뺀찌	pench	pincers
사랑니	love tooth	wisdom tooth

샌드백	sand bag	punch bag
샐러리맨	salary man	salaried worker
세트메뉴	set menu	combo meals
수정액	white	correction fluid
슈크림	chou cream	custard cream
슈퍼	super	supermarket
스크랩	scrap	clipping
스킨 스쿠버	skin scuba	scuba diving
스킨쉽	skinship	physical affection
스탠드	stand	desk lamp
슬로우비디오	slow video	slow motion
식염수	salty water	saline solution
실버타운	silver town	retirement home
쌕	sack	backpack
썬크림	sun cream	sun block
썬팅	sunting	window tinting
아르바이트	arbeit	part-time job
아이쇼핑	eye shopping	window shopping
아파트	apart	apartment

떠나기전 꼭 MEMO

성명	
생년월일	
국적	
호텔	
여권번호	
비자번호	
항공기편명	
항공권번호	
신용카드번호	
여행자수표 번호	
출발지	
목적지	

입소문난~ 여행영어

3판 3쇄 발행 | 2019년 1월 20일

엮은이 | 차종환
펴낸이 | 윤다시
펴낸곳 | 도서출판 예가
주　소 | 서울시 영등포구 영신로 45길 2

전　화 | 02-2633-5462
팩　스 | 02-2633-5463
이메일 | yegabook@hanmail.net
블로그 | http://blog.daum.net / yegabook
등록번호 | 제 8-216호

ISBN | 978-89-7567-559-1　13740

※ 잘못된 책은 바꿔드립니다.
※ 가격은 표지 뒷면에 있습니다.

2019. 04.